Christian Ludin

Trinkwasserversorgung und Reisehygiene unterwegs

Ratgeber für Fernreisende, Backpacker und Outdoor-Enthusiasten

© 2018 Christian Ludin
Umschlag, Illustration: Christian Ludin
Bildnachweis: Alle Bilder stammen sofern nicht anders angegeben von Christian Ludin. Bilder auf der Seite 29 und Umschlagrückseite Bildmitte: James Archer; Seite 33: Charles D. Humphry; Seite 34: Stan Erlandsen; Seite 37: Marianna Wilson sind lizenzfrei mit freundlicher Genehmigung des Centers for Disease Control and Prevention (CDC), USA; S 78: Imke Podbielski Bild 1 von Fig. 1, aus N. Moosdorf, T. Oehler, Earth-Science Reviews **171**, 338-348, 2017, CC BY license (http://creativecommons.org/licenses/BY/4.0/).

Weder der Autor noch der Verlag übernehmen eine Verantwortung für inhaltliche und sachliche Fehler.

Eine Haftung des Autors oder des Verlages und seiner Beauftragten für Personen-, Sach- und Vermögensschäden ist ausgeschlossen.

Verlag: tredition GmbH, Hamburg

ISBN
Paperback   978-3-7469-3506-5

Das Werk, einschließlich seiner Teile, ist urheberrechtlich geschützt. Jede Verwertung ist ohne Zustimmung des Verlages und des Autors unzulässig. Dies gilt insbesondere für die elektronische oder sonstige Vervielfältigung, Übersetzung, Verbreitung und öffentliche Zugänglichmachung.

Inhalt

1 Einführung 7

2 Physiologie des Wasserhaushalts des Menschen: Grundlagen 9

Mechanismus der Wasserbilanzregulation 10
Physiologie des Wasserhaushalts in gemässigten und heißen Klimazonen 12
Trinkempfehlungen 15
Wassernotfall 15
Überlebensdauer und Leistungsfähigkeit ohne Wasser 15
Optionen im Wassernotfall 16
Präventive Maßnahmen zur Vermeidung eines Wassernotfalls 18

3 Wasser finden unterwegs 20

4 Inhaltsstoffe von Rohwasser 26

Mikroorganismen und Helminthen 26
Eigenschaften und Verbreitung von humanpathogen Mikroorganismen und Helminthen .. 26
Bakterien 29
Enterische Viren 32
Protozoen 33
Helminthen 36
Anorganische Stoffe 37
Sedimente 37
Mineralstoffe 38
Schwermetalle 38
Organische Stoffe - Chemikalien 39
Pestizide 39
Medikamente und halogenierte Kohlenwasserstoffe 40
Nitrat 40

5 Risikoeinschätzung von Trinkwasserinfektionen 41

Menschliche Prädisposition und Infektionsrisiko 41
Inkubationszeit und Symptome der Diarrhö 42
Risikoeinschätzung von Landschafts- und Siedlungszonen für Keime und Pestizide 43
Geringes Risiko: Mittelgebirge, alpine Zone und unberührte Natur 43
Mittleres Risiko: Landwirtschaftszone 46
Hohes Risiko: Besiedelte Gebiete mit Oberflächenwasser 46

6 Wasseraufbereitung 48

Vorbereitung von Rohwasser vor der Desinfektion 50

Methodenübersicht zur Entfernung von Mikroorganismen und
Helminthen 54
Abkochen 55
Chemische Desinfektion mit Halogenen (Natriumhypochlorid, Iod, Chlordioxid) 59
Mechanische Filtration 63
UV-Licht 73
Aktivkohle 77
Salzwasser zur Trinkwassergewinnung 78
Destillation als Entsalzungsmethode 79
Technische Entsalzer mittels Umkehrosmose 81

7 Notfälle: Naturereignisse, Defekte der Wasserversorgungssysteme 82

8 Wassertransport 84
Faltbare Transportbehälter 84
Starre Transportbehälter 85
Improvisierte Transportbehälter 85
Wiederverkeimung 86

9 Reisehygiene 87
Risikoeinschätzung für Reiserisikogebiete basierend auf
epidemiologischen Infektionsdaten 87
Fäkal-orale Infektionsrouten 87
Fünf einfache Hygiene-Regeln für unterwegs 88
1: Wichtigste Regel: Hände waschen 88
2: Rohes und Gekochtes trennen 91
3: Essen ausreichend erhitzen 92
4: Essen bei einer sicheren Temperatur aufbewahren 92
5: Trinkwasser und sichere Essenszubereitung 92
Fäkalientsorgung in der Natur 94

10 Reisekit Wasserdesinfektion 95

11 Glossar 97

12 Weiterführende Literatur und Internetadressen 100

1 Einführung

Sicheres Trinkwasser ist ein grundlegendes Menschenrecht und essentiell für die Gesundheit von Menschen. In Europa machen sich die Wenigsten Gedanken über sauberes Wasser, es kommt aus dem Wasserhahn und ist praktisch überall verfügbar. Weltweit hatten im Jahre 2015 gemäß der internationalen Gesundheitsorganisation der Vereinten Nationen →WHO 884 Millionen Menschen keinen Zugang zur grundlegenden Wasserversorgung. Mindestens 2 Milliarden Menschen nutzen Trinkwasserquellen, welche mit Fäkalien verunreinigt sind. 2.3 Milliarden Menschen verfügen über keine ausreichenden sanitären Anlagen.

Menschliche und tierische Fäkalien, die auf verschiedenen Wegen in das Wasser gelangen, bilden die primäre Quelle von Kontaminationen von *Wasser und Nahrungsmitteln* durch humanpathogene Bakterien, Viren und Parasiten. Bakterien verursachen dabei ca. 80 % aller Durchfallerkrankungen.

Über 190 Millionen Personen reisten 2016 alleine nach Südostasien, Zentral- und Südamerika. Zwischen 15 und 70 Prozent aller Reisenden je nach Region und Jahreszeit sind irgendwann im Laufe ihres Reiseaufenthalts von einer Durchfallerkrankung betroffen - meist zu Beginn der Reise. Unzureichende Wasserqualität und mangelnde Hygiene unterwegs kann zu ernsthaften Infektionserkrankungen führen und so jede Reisefreude schmälern oder gar den Abbruch einer Tour erzwingen.

Dieser Ratgeber möchte Individual- und Pauschalreisende sowie Outdoor-Enthusiasten dabei unterstützen, reisetaugliche und sichere Techniken der Trinkwasserversorgungsmöglichkeiten zu benutzen.

Der Leser soll in der Lage sein, mit dem Basiswissen von Keimen und anderen häufig vorkommenden Verunreinigungen wie z.B. Pestiziden und Nitrat, sowie mithilfe einfacher Risikokriterien die Wasserqualität einzuschätzen.

Dazu werden käufliche Reise-Wasserentkeimer sowie improvisierte Wasserreinigungstechniken mit einfachen Hilfsmitteln vorgestellt und es wird erläutert, wie diese sicher angewendet werden können. Für ein „unbeschwertes" Reiseerlebnis wird bei allen beschriebenen Wasserreinigungstechniken auf das Gewicht und das Packvolumen geachtet.

Reisende, welche z.B. Mexiko, die Philippinen, Indonesien oder Nepal bereisen, wo sich Naturkatastrophen häufiger ereignen kann, sollten wissen, wie man bei einem Ausfall der Wasserversorgung mit einfachen Mitteln Trinkwasser aus der Natur beschaffen und aufbereiten kann. Entwicklungsländer -häufig beliebte Reiseziele für Individualreisende- haben oft eine mangelhafte Infrastruktur und sind im Katastrophenfall selten in der Lage, die Wasserversorgung wiederherzustellen.

Für Reisen vor allem in heiße klimatische Zonen und für Outdoor-Touren ist es wichtig zu wissen, den Wasserbedarf einschätzen zu können. Das Basiswissen über die Regulierung des Wasserhaushalts des Menschen hilft dabei, den Wasserbedarf für Touren besser zu planen, sich bei Wassernotfällen richtig zu verhalten und vor allem Wassernotfälle zu vermeiden.

Weitere Themen sind das Wissen über sinnvolle Möglichkeiten des Wassertransports, die Wasserkonservierung für unterwegs sowie praktische und einfache Tipps zur Reisehygiene für die Prävention von Reiseerkrankungen.

Viel Spaß beim Lesen und Ausprobieren der vorgestellten Techniken!
Christian Ludin

2 Physiologie des Wasserhaushalts des Menschen: Grundlagen

Obwohl die Wichtigkeit des Wassers für das tägliche Leben bekannt ist, macht man sich kaum Gedanken darüber, wie der menschliche Körper mit Wasser umgeht und welche Rolle das Wasser im Körper hat. Wasser ist der Hauptbestandteil aller Organe, Zellen und Gewebe. Der menschliche Körper enthält 60-70 % Wasser, dies entspricht ca. 42 l bei einem Köpergewicht von 70 kg, wobei sich das meiste Wasser (ca. zwei Drittel, 28 l) in den Zellen (z.B. in roten Blutkörperchen, in Muskelzellen) befindet. Ein Drittel (ca. 14 l) des Wassers befindet sich in der sogenannten extrazellulären Matrix (EZM), zusammengesetzt aus dem Lymphsystem (Teil des Immunsystems), der Gehirnflüssigkeit und dem Blutplasma.

Wasser ist wichtig für den Transport von Nährstoffen zu den Zellen und um den Abfall aus den Zellen zu beseitigen. Es dient auch als Stoßdämpfer für das Gehirn und Rückenmark. Die große Wärmekapazität des Wassers nutzt der Körper zur Thermoregulierung. Der menschliche Körper steuert die Wasserbilanz zwischen Wasseraufnahme und Wasserabgabe sehr präzise innerhalb einer 0.2 %-Toleranz.

Die Wasseraufnahme über 24 h bei normaler Temperatur (18°-20°C) und ohne körperlicher Anstrengung setzt sich zusammen aus den Nahrungsmitteln (ca. 600-700 ml), aus Wasser, welches durch Umwandlung von Nahrungsmitteln vom Körper selbst produziert wird (ca. 250-350 ml, oxidativer Metabolismus von Zucker, Fett und Protein) und dem Trinkwasser selbst (ca. 1400-1750 ml) mit einer Gesamtmenge von durchschnittlich 2550 ml. Die Europäische Behörde für Lebensmittelsicherheit (EFSA) hat 2008 einen Referenzwert für den täglichen Wasserbedarf festgelegt. Dieser ist altersabhängig und beträgt bei männlichen Personen zwischen 9 und 13 Jahren ca. 1470 ml, bei einem Alter von mehr als 14 Jahren ca. 1759 ml, bei weiblichen Personen zwischen 9 und 13 Jahren ca. 1400 ml, bei einem Alter von mehr als 14 Jahren ca. 1610 ml.

Die Wasserabgabe über 24 h bei normaler Temperatur (18°-20°C) und ohne körperliche Anstrengung setzt sich zusammen aus dem Urin, (ca. 1-2 l), Atemluft (ca. 250-350 ml), Fäkalien (ca. 150-200 ml) und Wasseraustritt aus der Haut (ca. 450 ml), mit einer Gesamtmenge von ca. 2-3 Litern. Der

Wasserverbrauch steigt bei körperlicher Tätigkeit an, weil Muskeln Abwärme erzeugen und dabei die Körpertemperatur ansteigt. Um die Körpertemperatur (37°C) zu halten, wird zur Kühlung die Schweißproduktion erhöht, um eine effektive Kühlung zu ermöglichen. Auch eine höhere Außentemperatur als die Hauttemperatur aktiviert in hohem Maße die Schweißproduktion durch Schweißdrüsen. Diese evolutionäre Entwicklung ermöglichte es u.a. dem Menschen, auch bei hoher Außentemperatur lange Strecken zu laufen.

Mechanismus der Wasserbilanzregulation

In einer vereinfachten Form funktioniert die Wasserbilanzregulation in einem Rückkopplungsmechanismus: Wenn der Wasserverlust die Wasseraufnahme überwiegt, steigt der →osmotische Plasmadruck der extrazellulären Matrix an. Dadurch wird ein biologischer Drucksensor, ein sogenannter Osmo-Rezeptor aktiviert, was ein Durstgefühl auslöst und das Antidiuretische Hormon ADH freisetzt. ADH wirkt auf die Nierenfunktion, welche die Reabsorption von Wasser erhöht und damit die Abgabe von Urin herunterregelt. Die Reduktion des Plasmavolumens respektive des enthaltenen Wassers reduziert auch das Körpergewicht.

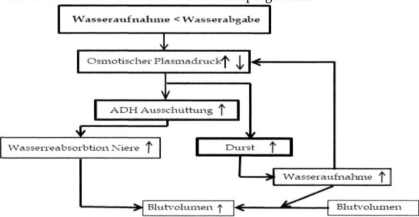

Vereinfachtes Prinzip der Wasserbilanzregulierung

Der Wasserverlust (Dehydrierung) hat für den Körper vielfältige Folgen für die Thermoregulierung und Leistungsfähigkeit.

Die Körpertemperatur erhöht sich mit jedem Prozent Wasserverlust um 0.1°-0.2 °C und dies kann sich in einer späteren Phase als Hitzeschlag und später als Hitzeschock entwickeln, aufgrund des Volumenmangels. Die körperliche Leistungsfähigkeit beginnt sich bei einem Wasserverlust von größer als 3-4 % zu vermindern, abhängig von der Temperatur. Bei 20°C wird ein Leistungsabfall von bis zu 7 % beobachtet, bei 30°C bis zu 20 %, bei 40°C bis zu 60 %. Bei einem Gewichtsverlust von ca. 7 % ist man unfähig zu laufen.

Ein Wasserdefizit größer als 2 % bewirkt auch eine reduzierte mentale Leistungsfähigkeit: reduzierte Gedächtnisleistung, Entscheidungsfindung, Aufmerksamkeit und Koordination z.b. beim Laufen in schwierigem Gelände. Bei 4 % Wasserdefizit ist die Reaktionszeit ähnlich verlangsamt wie bei 0.8 Promille Alkoholgehalt im Blut.

Auf Wanderungen oder alpinen Touren mit anspruchsvollen Geländestrukturen kann daher bei einer Dehydrierung größer als 2 % das Risiko der Unfallgefahr ansteigen, man kann falsche Entscheidungen treffen oder man erreicht das Tagesziel (z.b. Unterkunft, Wasserquelle) durch Leistungsschwäche nicht, was ebenfalls fatale Folgen haben kann.

Für die Kontrolle eines ausgeglichenen Wasserbilanzstatus eigenen sich drei biologische Marker, welche sich unterwegs leicht kontrollieren lassen.

Die Gewichtsänderung, das Durstgefühl und die Farbe des Urins:
- *Gewichtsänderung.* Die Abnahme der totalen Wassermenge des Körpers ist praktisch identisch mit der Gewichtsabnahme mit einer gewissen täglichen Fluktuation von ca. 0.2-0.7 % des Körpergewichts.
- *Durstgefühl.* Der Körper reagiert mit einem Durstgefühl, welches ein angeborener Instinkt ist, wenn die →Osmolalität größer als 295 mmol/l im EZM ist, dieser korreliert mit einer Gewichtsabnahme größer als 2 %
- *Die Urinfarbe.* Die Urinfarbe basierend auf einer nummerierten Farbskala 1-8 einer →Urinfarbskala korreliert mit einer Gewichtsabnahme des Körpergewichts bei Dehydrierung.
Ist die Urinfarbe limonadenfarbig oder apfelbraun (Farbskale 5 oder höher der Urinfarbskala), dann ist die Gewichtsabnahme größer als 2 %. Dies zeigt an, dass man mit sehr großer Wahrscheinlichkeit dehydriert ist.

Typische Symptome der Dehydrierung sind folgende:
> *Geringe Dehydrierung, 2-5 % Gewichtsverlust:* Durst, Schlaflosigkeit, Ungeduld, Schwindel.
> *Mittlere Dehydrierung, 6-8 % Gewichtsverlust:* Kopfschmerzen, Schwindel, Unfähigkeit zu gehen, trockener Mund (kein Speichelfluss), erhöhte Körpertemperatur, erhöhte Pulsrate.
> *Schwere Dehydrierung, 9-12 % Gewichtsverlust:* Verwirrtheit, eingefallene Augen, geschwollene Zunge, Hautschrumpfung, Taubheit, erhöhte Körpertemperatur, Hitzeschock, erhöhte Pulsrate.

Eine Dehydrierung ist bis ca. 6-8 % Wasserverlust ohne körperlicher Dauerschaden möglich.

Die Grenze des Überlebens (→Exsikkose) wird bei einer Osmolalität von ca. 350 mmol /l im EZM erreicht, bei einer 70 kg Person mit 42 l Wasser und einer Osmolalität von ca. 285 mmol /l im hydratisierten Status beträgt der Wasserverlust ca. 7.8 l Wasser. Der Wassergehalt des dehydrierten Körpers berechnet sich nach der Formel (285/350 mmol/l) × 42 l = 34.2 l. Dies entspricht einem Gewichtsverlust von mehr als 12 %.

Physiologie des Wasserhaushalts in gemässigten und heißen Klimazonen

Folgende Faktoren beeinflussen den Wasserverbrauch durch Schwitzen in heißen Klimazonen: Die Außentemperatur, der Einfluss der direkten Sonnenstrahlung, die Kleidung, die körperliche Tätigkeit und die Körperoberfläche des Menschen. Die Schwitzrate ist von der entsprechenden Körperoberfläche abhängig, diese lässt sich aus dem Körpergewicht und der Körpergröße ableiten. Die Körperoberfläche einer 70 kg schweren männlichen Person beträgt ca. 1.9 qm und bei Frauen ca. 1.6 qm. Im Vergleich zu einer 70 kg schweren Person sind die Schwitzraten bei einem Köpergewicht von 50 kg ca. 25 % geringer, bei einem Gewicht von 90 kg ca. 15 % höher. Frauen haben in der Regel eine ca. 20 % tiefere Schwitzrate als Männer.

Die Schwitzratendaten bei ca. 38°C und unterschiedlichen Tätigkeiten (70 kg Gewicht, männliche Person) zeigen den enormen Wasserbedarf und die physiologische Reaktion des Körpers:

- Unbekleidet in der Sonne laufen: 1200 ml/h. Daher sich nur komplett bekleidet in heißem Wetter und in direkter Sonneneinstrahlung aufhalten.
- Ruhend bekleidet im Schatten sitzen ca. 30 cm über dem Boden tagsüber 300 ml/h und nachts 300 ml/h.
- Laufen in der Nacht: 600 ml/h (38°C), Laufen in der Sonne (bekleidet): 900 ml/h.
- Der Urinmenge bei hoher Außentemperatur ist reduziert und beträgt zwischen 700 und 900 ml/Tag, bei mehr als 7 % Gewichtsverlust des Körpers ca. 500 ml/Tag.

Auch der Einfluss des Rucksackgewichts auf die Schwitzrate ist wichtig zu wissen: Die Schwitzrate erhöht sich nur marginal um ca. 1 %/h pro kg Rucksackgewicht, d.h. die zusätzliche Schwitzrate beim Tragen eines Rucksacks mit einem Gewicht (Wasservorrat) von 10 kg beträgt ca. **0.1 l/h**.

Basierend auf physiologischen Daten, der Art der körperlichen Tätigkeit, unterschiedlichen Außentemperaturen und relativer Luftfeuchte (→*WBGT*) können folgende tägliche Wasserverbrauchsdaten abgeschätzt werden:

Temperaturbereich 10°-25°. Bei gemäßigten Temperaturen zwischen 10°C und 25°C wird der Wasserverbrauch hauptsächlich durch die Art der körperlichen Tätigkeit bestimmt und die dadurch benötigte Kühlung durch Schweiß zum Erhalt der Körpertemperatur. Der tägliche Wasserverbrauch liegt daher bei Ruhe im Bereich von ca. 2-3 l bei Temperaturen von 10°C bis 25°C, bei moderater Anstrengung über 12 h Dauer (4400 kcal /Tag) bei bis zu ca. 9 l.

Temperaturbereich 25°-40°C. Der größte Anteil des Wasserverbrauchs wird zum Erhalt der Körpertemperatur durch Schwitzen aufgewendet. Der tägliche Wasserverbrauch liegt bei Ruhe im Schatten im Bereich von ca. 4 l bei Temperaturen bis 30°C und bei 35°- 40°C bei ca. 5-6 l Wasser, bei moderater Anstrengung über 12 h Dauer (4400 kcal/Tag) bei bis zu ca. 14 l Wasser.

Wesentlich genauer ist allerdings die Bestimmung der individuellen Schwitzrate für die Einschätzung des benötigten Wasserbedarfs. Die individuelle Schwitzrate pro Stunde in Milliliter kann man mit der folgenden Formel leicht berechnen: Man bestimmt das Körperwicht nach einer Stunde einer Aktivität und subtrahiert das Körpergewicht vor Beginn der Tätigkeit. Die Differenz ist die Schwitzrate in Milliliter/h, wobei ggf. die Trinkmenge während der Schwitzratenbestimmung zu addieren ist.

Dabei ist Folgendes zu beachten: Die Gewichtsbestimmung muss unbekleidet stattfinden (**100 g** Genauigkeit), man darf kein Wasserlassen während der Bestimmungsdauer und die Dauer der Bestimmung muss im Minimum eine Stunde betragen. Für die Bestimmung der Schwitzrate diejenigen Bedingungen wählen, welche beispielsweise auf einer Wanderung zu erwarten sind (Außentemperatur, Rucksackgewicht, Wandergeschwindigkeit). Der tägliche Gesamtwasserverbrauch für eine Berechnung des Wasservorrates für eine Tour setzt sich daher zusammen aus dem Ruheverbrauch über 24 h und der Aufsummierung von Stunden der Schwitzraten bei Temperaturen über 25°C und/oder der körperlichen Anstrengung.

> **Hinweis.** Eine Akklimatisation an hohe Umgebungstemperaturen ist empfehlenswert und dauert ca. 10 Tage. Die Akklimatisation verstärkt die Hautdurchblutung und verbessert die Wärmeabgabe. Auch setzt die Schweißproduktion früher ein und der Kochsalzverlust im Schweiß wird bis zu 10-fach geringer.

Höhenabhängigkeit der Schwitzrate. Diverse Untersuchungen haben gezeigt, dass die Höhe bis ca. **4000 m** nur einen marginalen Einfluss auf die Schwitzrate hat.

Tipp. Nützlich ist das Mitführen eines elektronischen Psychrometers (ca. **50 g**), welcher mithilfe der Lufttemperatur und relative Luftfeuchte die Wet Bulb Global Temperatur (→WBGT) berechnet. Der WBGT gibt eine akkurate Beurteilung der Hitzebelastung und Grenzwerte an. Belastungen über dem Grenzwert können schnell zu Erschöpfung und Hitzschlag bei einer bestimmten Kombination von Hitze und relativer Luftfeuchte führen.

Elektronischer Psychrometer, Dimension 3 x 13 cm

Trinkempfehlungen

Vor der Tour

Es ist empfehlenswert, ca. 1-2 h vor der Tour in warmem oder heißem Wetter 0.5-1 l Wasser zu trinken. Während 1-2 Stunden wird das Wasser ausgeschwitzt und nur geringe Mengen werden durch den Urin ausgeschieden. Dies beugt auch eine eventuelle weitere Dehydrierung vor, wenn z.B. am vorigen Tourentag nicht genügend getrunken wurde.

Während der Tour

Das Trinken sollte der gemessenen Schwitzrate entsprechen, in der Regel beginnt das Wasserdefizit bei Tourenlängen größer als 3 h, weil man meist weniger trinkt als die Schwitzrate. Zum Trinken sollte ein transparenter Wasserbehälter verwendet werden, um die Trinkmenge und den Verbrauch abzuschätzen. Eine große Einnahmemenge von Wasser, welche die individuelle Schwitzrate massiv übersteigt, kann zu Hyponatriämie („Wasservergiftung") führen (zu niedrige Natriumkonzentration im Blutserum). Dies kann sich u.a. in Kopfschmerzen, Erbrechen, Desorientierung und großen Mengen an klarem Urin äußern.

Nach der Tour

Nach der Tour pro Prozent Gewichtsverlust ca. 1.5 Liter trinken. Die Hydratisierung dauert bis zu 12 h, bei stärkerer Dehydrierung bis zu 24 h.

Salzkompensation. Das Essen während und nach der Tour deckt normalerweise den fehlenden Salzgehalt. Isst man nichts, so sollte man bei einer langen Tour dem Wasser ca. **1-1.5 g** Kochsalz/l zugeben.

Wassernotfall

Überlebensdauer und Leistungsfähigkeit ohne Wasser

Aus den Felduntersuchungen des amerikanischen Physiologen Adolph (Lit. 6) mit Militärpersonal (Männer, 70 kg Gewicht) in der kalifornischen Wüste wurde für das Laufen in der Wüste (sandiges Gelände ohne Steigungen) ohne Gepäck bei Tag oder Nacht ohne zusätzliches Wasser Folgendes festgestellt:

Bis zu einer Dehydrierung von ca. 7 % Gewichtsverlust (Beginn der Laufunfähigkeit) konnten nachts 30 km, bei 4.5 km/h und ca. 25°C zurückgelegt werden, am Tage *höchstens* 13 km bei 4.5 km/h bei 38°C. Für die Überlebensdauer (Männer, 70 kg Gewicht, ca. 42 l Wasser im Körper) können die folgenden Richtwerte im Temperaturbereich von 10°-38°C abgeschätzt werden. Die Berechnungen basieren auf einem maximal möglichen Wasserverlust von ca. 7.8 l Wasser bis zur →Exsikkose (entspricht ca. 20 % Wasserverlust oder einem Gewichtsverlust von ca. 12 %).

> *Überlebensdauer ohne Wasser, ruhen bei 10°-20°C: Bis zu 6 Tage.* Täglicher Wasserverbrauch beträgt ca. 1.2 l-1.6 l: Wasserverlust durch die Haut während 24 h ca. 0.5 l, Atmung ca. 250-350 ml und Urin ca. 0.5 l-0.9 l.

> *Überlebensdauer ohne Wasser, ruhen bei 38°C am Tag und bei 25°C in der Nacht: Bis zu 2 Tage.* Der tägliche Wasserverbrauch beträgt ca. 4 l: Schwitzen über 8 h Dauer bei 38°C im Schatten (ca. 300 ml/h) und Wasserverlust durch die Haut während 16 h bei ca. 20-25°C ca. 0.5 l, Atmung ca. 250-350 ml und Urin ca. 0.5 l-0.9 l.

> *Überlebensdauer ohne Wasser, zuerst 8 h laufen in der Nacht, dann 8 h ruhen bei 38°C am Tag und 8 h ruhen bei 25°C: Bis zu 20 h.* Der tägliche Wasserverbrauch beträgt ca. 8.8 l: Laufen 8 h in der Nacht (Schwitzrate bis ca. 400-600 ml/h, 25 °C), um ein Ziel zu erreichen, ruhen für 8 h bei 38°C im Schatten (ca. 300 ml/h) und Wasserverlust durch die Haut während 8 h bei 25°C ca. 0.5 l, Atmung ca. 250-350 ml und Urin ca. 0.5 l-0.9 l.

Optionen im Wassernotfall

Die Handlungsentscheidung im Wassernotfall kann immer nur vor Ort getroffen werden und ist von vielen Faktoren abhängig. Prinzipiell hat man nur zwei Optionen:

BLEIBEN: Bleibt man vor Ort, so ist jede körperliche Tätigkeit zu minimieren, man muss sich im Schatten aufhalten und einen Sonnenschutz (Rettungsdecken sind sehr effektiv) aufzubauen. Wenn möglich, sollte entweder in einer Grube von ca. 60 cm Tiefe oder in ca. 30 cm Höhe auf z.B. einem Rucksack geruht werden und ein Tarp oder die Rettungsdecke aufgespannt werden, eine zweite Rettungsdecke wird in ca. 30 cm Höhe darüber installiert, um eine weitere Hitzeisolation zu erreichen. Man muss sofort Notfallsignale organisieren, da man später dazu körperlich nicht mehr in der Lage sein wird. Zusätzlich sollte man in der *unmittelbaren* Umgebung nach Wasser suchen. Auch kein Urintrinken während der dehydrierten Phase, da dies die Osmolalität in der extrazellulären Matrix weiter erhöht und die Dehydrierung noch schneller voranschreiten lässt bis zur →Exsikkose. Die Urinabgabe bei heißem Wetter ist in der Regel immer reduziert und Urin enthält daher hohe Konzentrationen von Salzen und Stoffwechselabbauprodukten (1200 mmol/l Osmolalität, 3.4-fach höher als bei einer Osmolalität von ca. 350 mmol/l im EZM bei der Exsikkose). Wasser zu konservieren ist vom Standpunkt der physiologischen Leistungsfähigkeit nicht zu empfehlen, da der menschliche Körper bei heißem Wetter das Wasser effizient und ohne Verschwendung verwendet.

Ein gewisser Anteil des Wasserbedarfs kann durch das Essen wasserhaltiger Lebensmittel wie Obst, Gemüse, Früchte und essbaren wasserhaltigen Pflanzen gedeckt werden, diese enthalten bis zu 90 % Wasser, Brot enthält ca. 50 % Wasser und die enthaltenen Kohlenhydrate liefern zusätzlich metabolisches Wasser. Obwohl Wurstwaren und einige Käsesorten ca. 50 bis 75 % Wasser enthalten, sollte im Wassernotfall darauf verzichtet werden, da diese Lebensmittel große Mengen an Proteinen enthalten, welche im Körper teilweise in Harnstoff und Harnsäure umgewandelt und im Urin in relativ niedriger Konzentration ausgeschieden werden müssen. Dies erhöht die Abgabe der Urinmenge und kompensiert in der Regel die enthaltene Wassermenge in solchen Lebensmitteln nicht.

GEHEN: Wenn kein Wasser mehr vorhanden ist und man *sicher* weiß, dass innerhalb von ca. 30 km Wasser in moderatem Gelände (gilt für männliche Person, 70 kg Körpergewicht, Felduntersuchungen von Adolph) Hilfe zu finden ist (Rückweg zur letzten Wasserquelle), muss in der Nacht gelaufen werden, um so schnell wie möglich um das Ziel zu erreichen. Der Gesamtwasserverbrauch trotz erhöhter Schwitzrate ist geringer, als wenn man länger laufen muss (zusätzlicher Wasserverbrauch pro längere Laufzeitstunde).

Weitere Faktoren, welche die maximal erreichbare Laufdistanz bestimmen, sind die Art des Geländes, die persönliche Schwitzrate und der Wassergehalt des Körpers. Die Mitnahme von 4 l Wasser erhöht die Laufdistanz nachts um zusätzliche ca. 30 km. Der Zeitpunkt, bis man nicht mehr laufen kann, (nachts, ca. 20°-25°C) liegt bei ca. 7 % Gewichtsverlust. Das Gewicht einer Wassermitnahme erhöht die Schwitzrate nur gering. Wasser zu konservieren ist kontraproduktiv, da der Leistungsabfall schnell beginnt, daher trinken, aber nicht mehr als um den Durst zu löschen, falls Wasser verfügbar ist. Erreicht man das Ziel nicht, verkürzt sich die Überlebensdauer wesentlich im Vergleich zum Bleiben.

Präventive Maßnahmen zur Vermeidung eines Wassernotfalls

Insbesondere spontane Tagesausflüge zu Fuß sowie ungeplante Autofahrten ohne Kartenorientierung und Wasservorrat auf unbefestigten Straßen in unbewohnten Gegenden, wo Motorpannen und Steckenbleiben im Gelände häufiger vorkommen, führen in heißen Klimazonen nicht selten zum Wassernotfall mit tragischen Folgen.

Ein solches Verhalten ist in der Fehlermöglichkeits- und Einflussanalyse im Sicherheitsmanagement der Luft- und Raumfahrt als „Doppelfehlerproblem" bekannt. Dabei kann typischerweise ein menschlicher Fehler in der Vorbereitung (kein Wasser dabei) beim Auftreten eines nachfolgenden zweiten Fehlers oder Defekts (Motorpanne in der Wüste, kein zweites Fahrzeug vorhanden) zur Katastrophe führen. Planung, Wissen und Ausrüstungsredundanz helfen dabei, solche Risiken zu erkennen und zu minimieren.

Die Tour-Distanz, Wandergeschwindigkeit, das Training und die Temperatur am Tag und in der Nacht sind die wichtigsten Faktoren neben dem Kennen der eigenen Schwitzrate, um den Wasserverbrauch bzw. die benötigte und daher mitzunehmende Wassermenge abzuschätzen. In heißen Klimazonen sollte nur morgens, spätnachmittags oder nachts gewandert werden. Dies spart ca. ein Drittel des Wasserverbrauchs im Vergleich zur Wandertätigkeit während der Zeit von ca. 11 Uhr bis ca. 17 Uhr.

Das Kartenstudium und die Lokalisierung von Wasserentnahmestellen auf dem Weg und in der Umgebung sowie die lokale Nachfrage bei Personen vor Ort ist essenziell für die Planung. Bei Wanderungen ist in heißen Gegenden an jeder Wasserentnahmestelle der Tour der Wasservorrat nachzufüllen, wenn ein gewisses Risiko besteht, am Zielort kein Wasser vorzufinden.

Die Minimumwasserreserve sollte in heißen Klimazonen ca. zwei Liter betragen. Im Rucksack lässt sich mit flexiblen Wasserbeuteln ohne Probleme 6–10 l Wasser mitnehmen, falls dies erforderlich ist. Wenn man eine

Ultraleichttreckingausrüstung hat, liegt das Gesamtrucksackgewicht bei ca. 12-16 kg. Das Rucksackgewicht sollte für mehrtägige Touren ca. 20-25% des Körpergewichts nicht übersteigen, um typische Rücken-, Gelenk- und Fußprobleme zu vermeiden. Größere Mengen Wasser von bis zu 40 l können nur sinnvoll mit einem Wandersulky transportiert werden.

Eine elektronische Notfallkommunikation sollte man bei Touren in entlegene Gebiete mitführen, z.b. ein 2-Wege-Satelliten-Kommunikationssystem mit SOS- und Navigationsfunktionen, mit welchem weltweit SOS-Notrufe und Positionsdaten übermittelt werden können, um Hilfe anzufordern, –vorausgesetzt- ein Rettungswesen im Reiseland existiert.

Man darf sich aber nicht ausschließlich auf solche elektronischen Geräte verlassen (z.b. kein Empfang in engen Schluchten, Batterien leer, elektronischer Defekt). Alternativen sind die bekannten visuellen Signalmöglichkeiten mit einem Signalfeuer, die Raucherzeugung, das Legen von großen Kennzeichen auf dem Boden, welche von Flugzeugen und Hubschraubern erkannt werden können und die Spiegelbenutzung als Signalmethode.

Die wichtigste Regel für Wanderer besteht darin, vor dem Beginn einer Tour in die unberührte Natur immer die Route und die ungefähre Rückkehrzeit mindestens zwei Personen mitzuteilen. Damit ist es möglich in Notfällen sehr schnell Personen zu finden.

3 Wasser finden unterwegs

Wer in humiden Klimazonen unterwegs ist, hat selten ein Problem Wasser zu finden. Seen, Flüsse und Bäche sind in offenem Gelände meist von weitem sichtbar, in dichten Waldgebieten sind Wasserquellen oft schwieriger zu finden und müssen gezielt aufgesucht werden. Geologische Geländestrukturen weisen auf mögliche Wasserquellen hin und Wasserzeigerpflanzen sind auch in bewaldeten Landschaft gut zu erkennen.

In halb-ariden und ariden klimatischen Zonen ist das Wasserfinden wesentlich schwieriger: Wasserquellen gibt es selten, verdeckte Hinweise auf Wasser geben auch hier geologische Geländestrukturen, die aber nicht immer zu Wasser führen. Es werden hier Techniken vorgestellt, mit denen ein kleiner Anteil des Wasservorrats unterwegs ergänzt werden kann, vor allem bei Notfällen. Diese ersetzen daher nicht das Mitführen eines ausreichenden Wasservorrates. Es sind auch nur Techniken sinnvoll, mit welchen sich Wasser bei geringer körperlicher Anstrengung und mit einer gewissen Erfolgsaussicht gewinnen lassen. Einfache Hilfsmittel mit geringem Gewicht und Volumen zum Mitführen sind mehrere durchsichtige Polyethylen-Plastikbeutel (Müllsack 35–60 l, auch zum wasserdichten Verpacken von Reisegepäck) zur Wassergewinnung, Gewicht **6-8 g** und ein Mikrofaserhandtuch, 38 x 80 cm, Gewicht ca. **22 g**.

Geologische Geländestrukturen, wo sich Wasser finden lässt. An den tiefsten Stellen einer Senke, in Schluchten, auf Bergsätteln, an Schnittpunkten überlappender Täler und Schluchten, dem Übergang von unterschiedlichen geologischen Strukturen (z.B. Sand-Fels) oder in Felsspalten findet man oft Wasser. In ausgetrockneten Wasserläufen an den Außenseiten von Flussbiegungen fin-

Überlappende Schluchten

det sich mit einer gewissen Wahrscheinlichkeit Wasser in tieferen Schichten. Das Studium von Geländekartenreliefs (1:50.000-Karte oder größer) und das Mitführen eines leichten Fernglases (Monokular) zur Geländesondierung ist hilfreich für Abklärungen von Geländestrukturen von erhöhten Punkten aus.

Diverse Pflanzen sind Feuchtigkeits- oder Wasserzeiger. Die Feuchtigkeitszeiger Moose (*Bryophyta*), Farne (*Equisetum*) und Schachtelhalme (*Equisetum*) kommen weltweit vor. Weiden und Pappeln sind Wasserzeiger, gehören zur Familie der Weidengewächse (*Salicaceae*) und sind oft schon aus größerer Entfernung aufgrund ihrer Größe und des Aussehens einfach zu erkennen. Die Blätterformen der Weiden sind meist schmal und lanzettförmig oder fast kreisrund. Die Laubblätter von Pappeln sind dreieckig, herz- oder eiförmig. Weidengewächse kommen in gemäßigten Temperaturzonen in Nordamerika bis Mexiko vor, in Europa, Eurasien, subtropischen Gebieten Chinas und in Ostafrika vor.

Weiden mit lanzettförmigen Blättern

Säulenpappeln

Rohrkolben (*Typhaceae*), Schilf (*Phragmites*) und Binsen (*Juncaceae*) sind leicht zu erkennen und kommen weltweit vor, die Pandanuss (*Pandanaceae*) kommt in ozeanischen Regionen, Ostindien und China vor.

Schilf mit charakteristischen Blütenrispen

Schmalblättriger Rohrkolben

Bäume zur Flüssigkeitsgewinnung. Im Frühjahr kann man im Notfall diverse Bäume wie Platanen, Ahorn, Walnuss, Esche, Pappel oder Birke anbohren, um Wasser zu gewinnen. Dabei wird ein Loch mit ca. 1 cm Durchmesser schräg nach unten durch die Rinde in den Stamm gebohrt und in das Bohrloch ein Stück Schlauch oder z.B. Rinde zum Absammeln der Flüssigkeit gesteckt.

Eis und Schnee. In kalten Regionen und in schneereichen Gebirge lässt sich die Wasserversorgung auch durch Eis und Schnee sicherstellen. Das Schmelzen von Schnee und Eis mit einem Gas- oder Benzinkocher in einem Topf ist allerdings energieintensiv (ca. **35-40 g** Brennstoff/l) und sollte vermieden werden, wenn dies möglich ist. Alternativ kann man Eis oder Schnee in ein Baumwollstofftuch einschlagen und nahe in die Strahlungswärme eines Holzfeuers aufhängen. Das abtropfende Wasser kann man in einem Behälter sammeln. Am besten ist es Schnee und Eis auf schwarzen Matten oder Folien durch die Sonneneinstrahlung zu schmelzen.

In halb-ariden und ariden klimatischen Zonen empfehlen sich neben dem Suchen von geologischen Geländestrukturen folgende Techniken zur Wassergewinnung:

Künstliche Wasserspeicher. Angelegte Zisternen und Brunnen findet man oft in trockenen Gegenden, in welchen Landwirtschaft noch möglich ist.

Tau. Das Absammeln von Tau mit Mikrofaser-Handtüchern zur Wassergewinnung von z. B. der Zeltplane oder von Pflanzen ist eine sehr gute Methode, um Wasser zu sammeln, dies muss allerdings frühmorgens gemacht werden, wenn Tau zu erwarten ist. Nützlich ist dabei das Mitführen eines elektronischen Psychrometers, welcher mithilfe der Lufttemperatur und Luftfeuchte den Taupunkt berechnet. Sinkt die Temperatur der Luft unter ihren Taupunkt, so verflüssigt sich ein Teil des Wasserdampfs in der Luft und Tau oder Nebel bilden sich.

Transpirationsprozess von Pflanzen. Das Ausnutzen des Transpirationsprozesses von Pflanzen ist eine praktische Methode, um Wasser zu gewinnen. Dabei wird ein *durchsichtiger* Plastiksack (ca. 60 l Volumen) oder eine sehr dünne durchsichtige Plastikfolie mit Geweband zu einem Sack geformt und über die Blätter eines nicht verdorrten Strauchs oder die Äste eines Baumes gestülpt und am Ast zugebunden, damit kein Wasser entweichen kann.

Nach 30 min bei 23°C bilden sich bereits große Wassertropfen

Dies funktioniert bei Pflanzen in den gemäßigten Zonen bis ca. 30°C gut, bei tropischen Baumarten bis ca. 40°C. Bei höherer Temperatur verschließen die Blätter ihre Spaltöffnungen, um den Wasserverlust zu minimieren. Pflanzen an schattigen Plätzen erreichen diese Temperatur meist nicht. Mit dieser Methode kann man pro Tag pro „Sack" je nach Bedingung ca. 0.5-0.8 l Wasser gewinnen und die Methode kann mit geringstem Aufwand vervielfacht werden, nur begrenzt durch die Anzahl der Säcke oder Folien.

Pflanzen mit wachsartigen, fleischigen oder lederartigen Blättern eignen sich nicht für die Transpirationswassergewinnung, da diese Pflanzen sich damit gegen Wasserverlust am Tage schützen, wodurch sie weniger Wasser durch Transpiration verlieren. Diese Pflanzen kommen besonders in Wüsten und Savannen der Tropen und Subtropen vor. Bekannte Vertreter sind die Ananas (*Ananas comosus* oder *Ananas sativus*), Agaven (*Agavoideae*) und viele Arten der Kakteengewächse (*Cactaceae*).

Beuteldestille. Mit einer Beuteldestille (durchsichtiger Plastiksack) lässt sich Wasser aus Pflanzenmaterial verdunsten. Dazu legt man klein geschnittene Pflanzenteile (Blätter, Gras etc.) auf eine Erhöhung, z.B. Holzstöckchen, Schale etc. in den Beutel, bläst den Beutel auf, verschließt ihn und stellt den Beutel in die Sonne für mehrere Stunden. Diese Methode liefert in der Regel begrenzte Mengen an Trinkwasser.

Beuteldestille mit Gras gefüllt

Alternativ kann Wasser aus Pflanzenmaterial mithilfe der Destillation extrahiert werden. Eine einfache Methode wird im Kapitel 6 „Destillation als Entsalzungsmethode" mit einer Edelstahltrinkflasche vorgestellt. Anstelle des Salzwassers kann man dabei klein geschnittene Pflanzenteile in die Flasche füllen, diese *sachte* erhitzen, ohne die Pflanzenteile zu verkohlen, um damit Trinkwasser zu gewinnen.

Solargrubendestille. Für diese bekannte Methode zur Destillierung von Schmutzwasser, Urin oder der Extraktion von Wasser aus Pflanzenteilen wird eine ca. 1 m tiefe trichterförmige Grube ausgehoben, darüber eine durchsichtige Plastikplane von mindestens zwei Quadratmeter Fläche gespannt und mit einer Beschwerung in der Mitte der Plane zur Ausrichtung einer Vertiefung versehen. Ein Auffanggefäß in der Mitte der Grube fängt das Trinkwasser auf, welches sich nach der Kondensation an der Folieninnenseite an der tiefsten Stelle bildet. Damit der Kondensationsprozess nicht gestört wird, kann zusätzlich ein Schlauch vom Rand der Plastikplane in das Gefäß gelegt werden, um Wasser aus dem Gefäß zu saugen. Die Methode ist abhängig von der Außentemperatur, dem Sonneneinstrahlwinkel und der Bodenfeuchte. Die Destille lässt sich nur bauen, wenn es die Bodenstruktur zulässt, um eine Grube auszuheben. Ein weiterer Nachteil besteht darin, dass man selten eine solche Plane mitführt und dass es kaum praktikabel ist, mehrere Destillen in parallel zu installieren, um die Wasserausbeute zu verbessern.

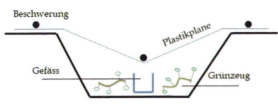

Solargrubendestille zur Extraktion von Wasser aus Pflanzenteilen

4 Inhaltsstoffe von Rohwasser

Mikroorganismen und Helminthen

Eigenschaften und Verbreitung von humanpathogenen Mikroorganismen und Helminthen

Als Mikroorganismen wird eine große Gruppe von Kleinstlebewesen bezeichnet, zu denen neben Pilzen und Bakterien auch einzellige Algen und Protozoen (tierische Einzeller) gehören. Mikroorganismen sind nicht nur im Wasser, sondern in der gesamten Umwelt vorhanden: In der Luft, im Boden, auf der Haut und im menschlichen Körper, wo sie z. B. im Verdauungstrakt als wichtige Symbionten leben.

Das Immunsystem ist das biologische Abwehrsystem im Menschen, das Schädigungen durch Krankheitserreger verhindert. Der größte Teil unseres menschlichen Immunsystems (ca. 80 %) verrichtet seine Arbeit im Darm. Dabei muss das Immunsystem zwischen fremden Zellen, Viren, Pilzsporen, körpereigenen Zellen und nützlichen Bakterien im Darm unterscheiden wie z.B. nicht pathogenen E- Escherichia Coli Stämmen, welche Vitamin K produzieren und daher nicht eliminiert werden dürfen. Schädliche Bakterien oder Viren werden jederzeit zu Tausenden durch den Magendarmtrakt, durch die Atemluft in die Lunge aufgenommen oder befinden sich auf der Haut und werden von der Immunabwehr erkannt und eliminiert.

Der Mensch kann allerdings nur unzureichend beim *Erstkontakt* mit human pathogenen Bakterien und Viren, z.B. mit dem Norovirus umgehen: Der Aufbau einer entsprechenden Immunabwehr nimmt Zeit in Anspruch und diese Keime verursachen oft schon in sehr geringer Anzahl Infektionen. Es ist für das Immunsystem zusätzlich erschwerend, dass Keime meist in beträchtlicher Anzahl in kontaminiertem Wasser und Nahrungsmittel vorkommen und damit die Immunabwehr am Anfang überfordern.

Beim Erstkontakt werden z.B. Bakterien und Viren zur Abwehr zuerst von der im Körper vorhandenen sogenannten →adaptiven Immunabwehr bekämpft und diese induziert in großer Anzahl Antikörper, welche ca. 5 Tage nach der Infektion beginnt. Diese spezifischen Antikörper erkennen bestimmte Oberflächenmuster von aufgenommenen Bakterien und Viren, heften sich daran fest und machen sie damit im Körper unschädlich.

Beim nächsten Kontakt mit solchen humanpathogenen Bakterien oder Viren kann das Immunsystem besser damit umgehen, da nach der Erstinfektion das Immunsystem Gedächtniszellen bildet und sehr schnell reagieren kann, um diese Krankheitserreger zu bekämpfen. Kann der Körper mit Keimen nicht umgehen, kommt es zur typischen Diarrhö, Erbrechen, Bauchschmerzen und Fieber. Abhängig vom Typus des Keimes findet eine Schädigung der Magen- und Darmschleimhaut statt. Einige Keime stellen auch Gifte (Toxine) her und führen einen zusätzlichen Salz- und Wasserverlust herbei. Dadurch kann aufgenommene Nahrung nicht mehr verdaut werden, bindet Wasser und macht den Stuhlgang dünnflüssig.

Bis zum Alter von ca. 5 Jahren ist zudem das Immunsystem im Aufbau, daher wenig entwickelt und kann nur unzureichend auf Keime reagieren. Kleinkinder sind daher in hohem Masse bei bestimmten Keimen in kontaminierten Trinkwasser und Nahrungsmittel gefährdet.

Viele Parasiten sind an den Menschen angepasst und können die Immunabwehr oft trickreich umgehen. Unzureichend kann der Mensch insbesondere mit dem Parasit Entamoeba histolytica umgehen. Dieser kann die Immunabwehrzellen auf vielfältige Weise stören, um sein Überleben im Körper zu ermöglichen.

Helminthen wie z.b. der Parasit Bilharziose können auch die Immunabwehr des Menschen hemmen, vor allem die Bildung von Antikörpern. Das Immunsystem kann im Laufe der Infektion nur langsam eine Immunität aufbauen und nur die Wurmlast limitieren.

Die fäkal orale Route (siehe Kapitel „Reisehygiene") ist durch die Einnahme von kontaminierten Trinkwasser und Nahrungsmittel die wichtigste Übertragungsroute, welche Infektionen verursacht. Wichtige humanpathogene Keime sind die wasser-assoziierten enteropathogenen Escherichia Coli Stämme, Salmonella spp., Shigella spp., Campylobacter spp., Aeromonas spp., enterische Viren (Norovirus, Rotavirus, Hepatitis A), die einzelligen Parasiten Giardia spp., Entamoeba histolytica, Cryptosporidium spp., sowie der Mehrzeller Schistsomiasis spp. (Bilharziose).

Die nachfolgende Tabelle zeigt den Zusammenhang von hoher Keimzahl in Fäkalien, die geringe infektiöse Dosis von humanpathogenen Keimen, die lange Persistenz in Wasser und Zonoosen (Krankheiten und Infektionen), die auf natürliche Weise zwischen Mensch und anderen Wirbeltieren übertragen werden können. Daher sind diese Keime von besonderer Bedeutung für das Infektionsrisiko via fäkale-orale Route.

Keime/ Helminth	Minimal infektiöse Partikel-Dosis	Überlebensfähigkeit in Wasser Dauer	Anzahl der Keime in Fäkalien pro g	Vorkommen im Tier
Cyptosporidium spp.	1-10	bis zu 12 Monate in kaltem Wasser	10^7	in über 40 Tierarten
Giardia spp.	10-30	bis zu 3 Monate in kaltem Wasser, bei 15°C 10-28 Tage	10^7	in über 10 Tierarten
Entamoeba histolytica	10-100	bis zu 3 Monate in kaltem Wasser	$2 \cdot 10^5$	nein
Norovirus, Rotavirus	1-10	bis zu 30 Tage in kaltem Wasser, bis zu 10 Tage in warmem Wasser	bis 10^{11}	nein
Hepatitis A	1-100	bis zu 12 Monate in kaltem Wasser	keine Daten	nein
Salmonella spp.	$10\text{-}10^5$	Halbwertszeit 16 h in kaltem Wasser	10^6	in über 10 Tierarten
Vibrio cholerae	10^3	4-5 Wochen in kaltem Wasser, > 12 Monate in warmem Wasser	10^6	nein
Shigella spp.	100	Halbwertszeit 22 h in warmem Wasser	keine Daten	nein
Campylobacter spp.	500	3-5 Wochen in kaltem Wasser, in warmem Wasser 3-10 Tage	10^6	in über 10 Tierarten
Faecal coliforme Bakterien	100	> 12 Monate in tropisch warmem Wasser	10^7	in über 10 Tierarten
Schistsomiasis spp.	1-100	bis zu einer Woche in warmem Wasser	keine Daten	in über 10 Tierarten

Bakterien

Bakterien vermehren sich sehr gut bei 15°-40° C und hoher Luftfeuchtigkeit. Zu dieser Gruppe gehören auch die meisten der folgenden Krankheitserreger.

Salmonella spp.

Quelle und Vorkommen

Salmonella spp. sind weltweit verbreitet. Das Hauptreservoir der Salmonellen sind Tiere wie Rinder, Schafe, Schweine und Geflügel und daraus erzeugte tierische Lebensmittel sowie Vögel und Reptilien.

Infektionswege

Enterische Salmonellen werden in der Regel durch kontaminierte Lebensmittel verbreitet. Auch primär nicht mit Salmonellen kontaminierte Lebensmittel können durch die Berührung infizierter Menschen, Kontakt mit kontaminierten Oberflächen oder kontaminierten anderen Lebensmitteln ein Infektionsrisiko darstellen.

Eine direkte Übertragung von Mensch zu Mensch wird bei Krankenhausinfektionen unter sehr unhygienischen Bedingungen beobachtet.

Salmonella Paratyphi und Salmonella Typhi werden nicht nur durch kontaminierte Lebensmittel verbreitet, sondern auch durch Wasser, durch Fäkalien oder Urin von Infizierten. Die Salmonellose manifestiert sich meist als akute Darmentzündung mit plötzlich einsetzendem Durchfall, Kopf- und Bauchschmerzen, Unwohlsein und manchmal Erbrechen.

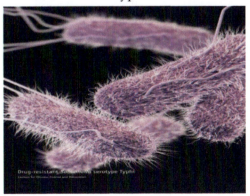

Aufnahme einer Salmonella Thyphi-Bakterie

Escherichia coli pathogene Stämme

Quelle und Vorkommen

Escherichia coli ist in großer Zahl bis zu 10^9 in der normalen Darmflora in Menschen und Tieren vorhanden, wo es in der Regel keinen Schaden verursacht. Eine Anzahl von enteropathogenen Stämmen kann jedoch zu akuten Diarrhöen führen, die wichtigsten sind das enterohämorrhagische E. coli (EHEC) und das enterotoxische E. coli (ETEC). Diese bilden nach dem Anheften an das Darmepithel giftige Toxine aus, welche zu den Durchfällen führen. Menschen sind das Hauptreservoir für enteropathogene E. coli, aber auch in Rinder, Schafe und Ziegen, Pferde, Hunde, Vögel, Fliegen und Wildwiederkäuer (z.B. Rehe und Hirsche). Die Bakterien können in Gülle, Mist und Wassertränken überleben. Das Düngen von Gemüse mit Fäkalien hat in der Vergangenheit zu epidemischen Ausbrüchen geführt. Entwicklungsländer und tropische Gebiete stellen das Hauptverbreitungsgebiete dar. Im Jahr 2011 kam es durch importierte verunreinigte Sprosse aus Ägypten zu einem verstärkten Auftreten von enteropathogenen Stämmen und verursachten 50 Todesfällen in Deutschland. EHEC-Typen verursachen Diarrhöe, welche sich bei bis zu 7 % der Fälle zu potenziell tödlichen Fällen entwickeln können.

Infektionswege

Infektionen finden durch Mensch zu Mensch Übertragung statt, dem Kontakt mit Tieren, Nahrung und Verbrauch von kontaminiertem Wasser.

Campylobacter spp.

Quelle und Vorkommen

Campylobacter spp. sind weltweit verbreitet, vor allem in Asien. Reservoire sind Wild- und Haustiere, sowie freilebende Vögel und Säugetiere, aber auch Nutztiere, vor allem Geflügel und mit geringerer Prävalenz Milchrinder und Schweine.

Infektionswege

Die Übertragung auf den Menschen erfolgt typischerweise durch den Verbrauch von tierischen Produkten. Fleisch, insbesondere Geflügelprodukte, und nicht pasteurisierter Milch sind wichtige Infektionsquellen sowie kontaminiertes Wasser. Campylobacterinfektionen verursachen Diarrhö.

Shigella spp.

Quelle und Vorkommen

Shigella spp. ist weltweit verbreitet. Der Mensch ist die einzige Quelle für die Shigellae spp.. Shigellosen (Shigellenruhr, Shigellen-Dysenterie) wurden in den letzten Jahren vor allem in Ägypten, Indien, Marokko, Tunesien und der Türkei beobachtet. Weltweit treten jedes Jahr 2 Millionen Infektionen auf, was zu etwa 600.000 Todesfällen führt, überwiegend in Entwicklungsländern.

Infektionswege

Shigella spp. sind Bakterien, die überwiegend durch die fäkal-orale Route übertragen werden, durch Mensch zu Mensch Kontakt, kontaminierte Lebensmittel und kontaminiertes Wasser, auch durch Badegewässer. Die Erkrankung verursacht Diarrhö.

Aeromonas spp.

Aeromonas spp. ist weltweit verbreitet, insbesondere in Thailand, Australien und Kanada.

Infektionswege

Aeromonas spp. sind Bakterien, die überwiegend durch kontaminiertes Wasser, speziell durch Freizeitaktivitäten in Badegewässer und kontaminierte Lebensmittel wie Fleisch, Fisch und Milch übertragen werden. Die Erkrankung verursacht Diarrhö.

Cyanobakterien

Cyanobakterien kommen oft in Süßwasser, Meereswasser und in Feuchtböden vor und enthalten Cyanotoxine. Bei höherer Temperatur und →eutrophiertem Wasser entstehen oft Bakterienteppiche im Wasser, sogenannte „Algenblüten" in grüner, blauer oder roter Färbung. Cyanotoxine können sich in Fischen oder Muscheln anreichern und über die Nahrungskette in den menschlichen Organismus gelangen und zu degenerativen Erkrankungen des Nervensystems führen.

> **Hinweis.** Bakterielle Darminfektionen werden bei Bedarf mit Antibiotika behandelt. Besonders wichtig bei Reisen nach Indien, Thailand, Nepal und Mexiko ist zu wissen, dass sich in diesen Ländern gemäß einer Untersuchung der WHO eine erhebliche Antibiotikaresistenz von Escherichia Coli-, Campylobacter-, Shigella- und Salmonella-Bakterien entwickelt hat, sodass gewisse zur Behandlung benutzten Antibiotika nur noch eingeschränkt helfen. Daher ist eine **Prävention** von bakteriellen Infektionen zentral, um eine globale Weiterverbreitung resistenter Keime zu minimieren, welcher der Reisende im Infektionsfall im Körper in sich trägt und nach der Reiserückkehr beim Arzt oder im Krankenhaus bei einer Weiterbehandlung weiterverbreiten kann.

Enterische Viren

Das Vorkommen enterischer Viren in der Umwelt korreliert in der Regel mit der Verbreitung fäkaler Verunreinigungen durch den Menschen. Enterische Viren treten meistens im Zusammenhang mit Verschmutzungen des Rohwassers durch Siedlungsabwässer, nicht ausreichenden Kläranlagen und Fließgewässer auf. Bekannt sind auch Virenausbrüche auf Kreuzfahrtschiffen.

Enterische Viren Rotaviren, Noroviren, Hepatitis A

Quelle und Vorkommen

Enterische Viren werden in den Fäkalien infizierter Individuen ausgeschieden. Diese finden sich in großer Menge im Abwasser, aber auch in Badegewässer sind sie anzutreffen und in vielen Lebensmitteln.

Übertragungsweg

Rota- und Noroviren. Tröpfchen gelten als die vorherrschenden Übertragungswege, dabei werden Rota- und Noroviren in die Atemwege aufgenommen, aber auch die Einnahme von kontaminierten Lebensmittel oder kontaminiertem Wasser ist ein Übertragungsweg. Es reichen bereits 1-10 Virenpartikel für eine Infektion.

Hepatitis A: Die Übertragung erfolgt durch die fäkal-orale Route, durch Kontakt- oder Schmierinfektion, sowie durch kontaminierte Lebensmittel, Wasser oder Gebrauchsgegenstände, Badegewässer, besonders häufig durch Muscheln oder Austern, sowie durch Fäkalien gedüngtes Gemüse und Salate. Eine Hepatitis A-Impfung schützt bei Infektionen.

Enterische Viren besiedeln den Magen-Darm-Trakt und werden in den Fäkalien der infizierten Menschen in großer Anzahl bis 10^{10} Partikel ausgeschieden. Diese verursachen in der Regel akute Erkrankungen mit einer kurzen Inkubationszeit von wenigen Stunden. Nach dem Ausbruch einer Virusinfektion ist eine effektive Bekämpfung des Virus nicht möglich. Nur eine Schutzimpfung - wenn diese gegen einen bestimmten Virus existiert - bietet Schutz.

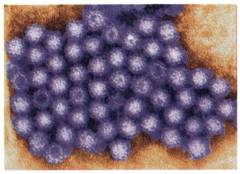
Aufnahme einer Norovirus-Population

Protozoen

Wasser spielt eine wichtige Rolle bei der Übertragung dieser Parasiten. Die Parasiten produzieren Zysten, Oozysten oder Eier, die extrem resistent gegen chemisches Desinfektionsmittel sind und schwere Diarrhö verursachen können.

Giardia spp.

Quelle und Vorkommen

Die Gattung Giardia besteht aus einer Anzahl von Arten, Infektionen (Giardiasis) werden in der Regel von Giardia intestinalis, auch bekannt als Giardia lamblia verursacht. Giardia lamblia kann sich neben dem Menschen in einer breiten Palette von Tierarten (Katzen, Hunde, Schafe, Rinder und Schafe sind je nach Gegend bis zu 30 % infiziert) vermehren, Zysten bis zu 88.000/l finden sich in Rohabwässern, in Oberflächenwässern bis 240/l. Giardia lamblia kommt in etwa 140 Ländern der Welt vor, auch in Alpinregionen. In Mitteleuropa finden sich Giardia lamblia bei weniger als einem Prozent der Bevölkerung, in gemäßigten Zonen sind etwa 10 % der Erwachsenen Träger, in den Tropen ist die Prävalenz etwa 20-30 %. Weltweit gibt es jedes Jahr etwa 200 Millionen Erkrankungen.

Übertragungsweg

Bei weitem der häufigste Weg der Übertragung von Giardia lamblia ist Mensch zu Mensch Kontakt, kontaminiertes Trinkwasser, und in geringerem Ausmaß Lebensmittel.

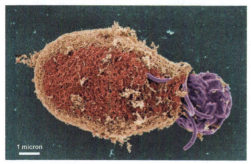

Aufnahme einer Giardiazyste

Giardia lamblia vermehrt sich im Magen-Darm-Trakt und bildet infektiöse Zysten, die intermittierend, aber in großer Zahl von bis zu 200.000 Zysten pro Gramm in Fäkalien ausgestoßen werden. Kinder können Träger von Giardia lamblia sein, ohne klinische Symptome zu zeigen und Zysten ausscheiden. Bei immunkompetenten Personen wird eine Infektion durch das Immunsystem in der Regel nach wenigen Wochen spontan eliminiert.

Cryptosporidium spp.

Quelle und Vorkommen

Infektionen werden überwiegend durch Cryptosporidium hominis und den Viehgenotyp Cryptosporidium parvum verursacht. Mehr als 40 Wirbeltierarten sind Reservoirs von Cryptosporidium hominis / parvum, darunter Rinder, Pferde, Ziegen und Schafe, aber auch Hunde, Katzen und Vögel. Ausgeschieden werden in Fäkalien dickwandige Oozysten, welche sehr resistent gegen chemische Desinfektionsmittel sind. Insbesondere Kälber können bis zu 100.000 Cryptosporidienoozysten pro Tag in Fäkalien ausscheiden. Konzentrationen von Cryptosporidienoozysten von 5.800 bis 14.000/l werden in Rohabwässer oder Oberflächenwasser gefunden. Auch in der „unberührten Natur" wurden bis zu 46 Oozysten/100 l gefunden. Kryptosporidien kommen weltweit vor und werden vor allem über verunreinigtes Trinkwasser übertragen. Verschiedene Studien haben in Industriestaaten bei gesunden Individuen in bis zu 0.2 % der Fälle Kryptosporidien im Stuhl nachgewiesen und bei etwa 2 % von Patienten mit Durchfällen. In Entwicklungsländern liegt die Prävalenz der Kryptosporidien sehr viel höher, sie kann in ländlichen Gegenden über 9 % liegen.

Übertragungsweg

Kryptosporidien werden durch den fäkal-orale Route übertragen. Der Hauptübertragungsweg der Infektion ist Mensch zu Mensch Kontakt. Andere Infektionsquellen sind der Verbrauch von kontaminierten Lebensmitteln und Wasser und direkten Kontakt mit infizierten Nutztieren. Die Symptome variieren von asymptomatischen Infektionen bis zu erheblichen wässrigen Durchfälle.

Entamoeba histolytica und Anthamöben

Quelle und Vorkommen

Menschen sind das Reservoir von Entamoeba histolytica Infektion, die bis zu 1.5×10^7 Zysten täglich ausscheiden. Entamoeba histolytica kann im Abwasser vorhanden sein. Die Trägerrate in tropischen- und subtropischen Regionen, Mexiko, Indien, West- und Südafrika, und Teile von Südamerika beträgt bis zu 30-50 % und mehr als 500 Millionen Menschen sind befallen.

Übertragungsweg

Der Hauptübertragungsweg von Entamoeba histolytica ist der Mensch zu Mensch Kontakt und die Kontamination von Lebensmitteln, durch mit kontaminiertem Wasser bewässerten Nahrungsmittelkulturen und kontaminiertes Wasser. Schmeissfliegen sind bekannte Überträger von Entamoeba histolytica.

Etwa 85-95 % der menschlichen Infektionen mit Entamoeba histolytica sind asymptomatisch. Symptome der amöbischen Dysenterie sind Diarrhöe mit Schmerzen, Fieber und die Anwesenheit von Blut und Schleim im Stuhl. Entamoeba histolytica kann in die Leber, Lunge und Gehirn einwandern, manchmal mit tödlichen Ausgang.

Anthamöben sind weltweit verbreitet an Gewässerrändern und Gewässeroberflächen. Problematisch ist Anthamoeba Naegleria fowleri, welche besonders in Süßwasser und Böden der Subtropen und Tropen, aber auch in warmen Süßwassern gemäßigter Klimazonen verbreitet ist. Naegleria Infektionen beobachtet man beim Baden und Tauchen in warmen (über 30°C) Süßwasser. Dabei durchdringen diese Amöben das Riechepithel in der Nase und gelangen entlang des Riechnervs in das zentrale Nervensystem. Bei jeder Art von ungechlortem Süßwasser ab einer Temperatur von über 30°C sollte mit einer Naegleriaamöben gerechnet werden. Naegleriaamöben vermehren sich bei Temperaturen über 30°C besonders gut. Als

Risikofaktor für eine Infektion mit Naegleriaamöben gilt insbesondere das Untertauchen des Kopfes in das Wasser oder beim Plantschen, wenn Wasser in die Nase gelangt. Für eine Infektion kann ein kurzer, einmaliger Kontakt reichen.

Die hier aufgeführten Protozoen lassen sich mit entsprechenden Medikamenten gut behandeln, mit Ausnahme von Cryptosporidium spp. und von Naegleriaamöben. Für Cryptosporidium spp. gibt es bislang keine spezifische Therapie, die die Parasiten zuverlässig aus dem Körper entfernt, allerdings ist Cryptosporidium spp. selbstlimitierend bei immunkompetenten Personen. Naegleriaamöben verursachen vorwiegend bei Kindern und jungen Erwachsenen eine Hirnhautentzündung (PAME – Primäre Amöben-Meningoenzephalitis), welche selten behandelbar ist.

Helminthen

Für die meisten Helminthen (**Gruppe der Würmer**) ist Trinkwasser kein signifikanter Übertragungsweg, mit der Ausnahme von Schistosomiasis spp., dem →Guineawurm (Dracunculus medinensis) und dem →Großen Leberegel Fasciola spp.

Quelle und Vorkommen

Der wichtigste Helminth Schistosomiasis spp. (Bilharziose) wird durch Wasserkontakt übertragen. Schistosomen treten in tropischen und subtropischen Süßwasser auf. Es gibt fünf Hauptarten von Schistsomiasis beim Menschen: Darmschistosomiasis wird durch Schistosoma mansoni, S. japonicum, S. mekongi und S. intercalatum verursacht, während die Harnweg- Schistosomiasis durch S. hämatobium verursacht wird. Schistosoma mansoni findet sich in Brasilien, Bolivien, Venezuela und einigen karibischen Inseln, Afrika, der Arabischen Halbinsel und Surinam. S. haematobium kommt in Afrika und im Nahen Osten vor, S. japonicum in China, den Philippinen und Indonesien. S. intercalatum findet sich in einigen Ländern Zentralafrikas, S. mekongi beschränkt sich auf den Mekong-Fluss in Kambodscha und den Demokratischen Laos Republik. Menschen, Hunde, Katzen, Nagetiere (Ratten), Schweine, Vieh und Wasserbüffel sind potenzielle Reservoirs von S. japonicum, während Menschen und Hunde potenzielle Reservoirs von S. mekongi sind. Insgesamt sind in ca. 75 Ländern mehr als 200 Millionen Menschen von Schistsomiasis infiziert.

Übertragungsweg

Ausgeschiedene Wurmeier von Erkrankten entwickeln sich in bestimmen Schneckenarten (z.B. Posthornschnecke) als Zwischenwirt zu Larven. Die Infektion erfolgt meist unbemerkt durch Hautdurchdringung der Larven, wenn Menschen im Wasser baden oder am Wasser barfuß gehen. Die Infektion tritt *nicht* durch die Einnahme von Wasser auf, auch nicht durch Mensch zu Mensch Übertragung.

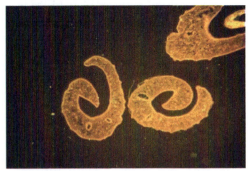

Aufnahme von Schistosoma Mansoni-Trematoden

Die meisten Symptome (Hautausschläge, Husten, Fieber) treten ca. 4-7 Wochen nach der Schistosomiasis spp. Infektion auf und sind Reaktionen des Körpers auf die Eier. Die Ausprägung der Symptome wird von der Menge der Eier und der befallenen Organe im Menschen bestimmt. Infektionen können asymptomatisch sein. Die hier aufgeführten Helminthen lassen sich mit entsprechenden Medikamenten gut behandeln.

Anorganische Stoffe

Sedimente

Trübes Bachwasser mit sichtbaren Lehm-Sedimentspartikeln nach einem Regenfall

Feine mineralische Sandpartikel, mineralische Quarzpartikel, z.B. in Gletscherwasser, Lehm, oder Tonpartikel findet sich oft im Wasser und verursachen →Trübungen, sind aber harmlos für den Menschen. Mechanische Filterelemente verstopfen oft durch feine Sedimente, insbesondere durch Gletscherwasser.

Mineralstoffe

Mineralstoffe sind anorganische Substanzen und Verbindungen, die für den Menschen lebensnotwendig sind. Der Körper kann sie nicht selbst herstellen, benötigt sie aber für viele Funktionen. Sie müssen mit der Nahrung zugeführt werden. Kalzium, Magnesium, Kalium und Phosphor sind oft in unterschiedlichen Mengen als Salze im Wasser enthalten und stellen in den im Trinkwasser typisch vorkommenden Mengen kein Problem dar.

Refraktometer zur Bestimmung der Salzkonzentration

Kochsalz ist für den Menschen lebenswichtig, etwa **200 g** sind im Körper enthalten. Kochsalz sorgt für eine ausgeglichene Flüssigkeits- und Nährstoffbalance in und außerhalb der Zellen. Die Salinitätskonzentration ist für den Menschen durch den Geschmackstest praktisch nicht feststellbar, ob nun **2 g** oder **5 g** Salz pro Liter Wasser enthalten sind. Als Anhaltspunkt kann die Salinität der Tränenflüssigkeit dienen, welche 0.9 % Kochsalz enthält. Andere Salze wie Kaliumchlorid, welches im Meer auch vorhanden ist, können zudem falsche Konzentrationen im Geschmackstest vortäuschen. Sicherer ist es, einen mechanischen Salzwasser Refraktometer zu benutzen, welches nur ca. **110 g** wiegt und ca. 20 Euro kostet. Dabei wird ein Salztropfen auf die optische Messzelle gegeben und man kann die Salzkonzentration direkt ablesen.

Auf der Erde kommen 97 % des Wassers als Salzwasser vor, von den restlichen 3 % Süßwasser sind nur 0.3 % als Oberflächenwasser verfügbar. Meerwassersalzkonzentrationen bewegen sich in Konzentrationen von **1-10 g/l** bei Brackwasser, **35-40 g/l** im Mittelmeer, ca. **20 g/l** in der Ostsee und **30-35 g/l** im Großteil der Weltmeere. Trinkwasser ist genießbar für Menschen bis zu einer Salzkonzentration von 0.3 % (**3 g/l**), empfohlen für den Menschen ist eine maximale Salzkonzentration von 0.02 % (**0.2 g/l**).

Schwermetalle

Schwermetalle kommen im Wasser und im Boden vor. Schwermetalle sind im Felsgestein eingebunden und diese natürlichen Vorkommen gelangen durch Bergbau oder natürliche Erosion in das Wasser. Auf Kartenmaterial sind Bergbaugebiete oft eingezeichnet oder können vor Ort erfragt werden. Schwermetalle reichern sich in lebenden Organismen an und gelangen über die Nahrungskette bis zum Menschen. Wichtige Schwermetalle sind die Elemente Quecksilber, Silber, Blei, Kupfer, Zink, Nickel, Chrom, Cadmium, Vanadium, Eisen, Mangan und Arsen.

Die Konzentrationen der Schwermetalle liegen meist im niedrigen Mikrogramm-Bereich/l und werden für kurze Zeit (Reisen) vom Körper toleriert. Langfristig können Schwermetalle Organschäden und Krebs auslösen. Arsenhaltiges Grundwasser ist für Bewohner in bestimmten Region (z.B. Indien, Bangladesch, Pakistan, bestimme Gebiete in Brasilien und in den USA) ein ernsthaftes gesundheitliches Problem. Schwermetalle lassen sich mit Hilfe von Aktivkohle (nur Quecksilber, Blei und Kupfer), mit Ionenaustauschern, der Destillation, Umkehrosmose oder chemische Flockung aus dem Wasser beseitigen.

Eisen- und manganhaltiges Rohwasser ist oft braun gefärbt, kupferhaltiges Wasser ist blau gefärbt, chromhaltiges Wasser ist gelb gefärbt. Solche gefärbten Rohwässer sollten nicht verwendet werden.

Ein braunes bis goldenes gefärbtes Wasser entsteht oft durch Huminsäure im Wasser. Die Ursache für viel Huminsäure im Wasser liegt oftmals an Wurzeln oder dem Eintrag von Blättern und Nadeln von Bäumen, insbesondere bei Moorseen. Huminsäure lässt sich am einfachsten mit einem Aktivkohlefilter entfernen.

Organische Stoffe - Chemikalien

Pestizide

Wichtige organische Substanzen, welche im Rohwasser enthalten sein können, sind Pestizide. Pestizide umfassen Pflanzenschutzmittel (Herbizide, Fungizide) sowie Mittel zur Schädlingsbekämpfung (Insektizide) und werden vorwiegend in der Landwirtschaft zur Behandlung von Pflanzenkulturen eingesetzt. Die meisten Pestizide besitzen eine geringe Wasserlöslichkeit und können einfach mittels →Adsorption auf Aktivkohlefilter aus dem Wasser entfernt werden.

Medikamente und halogenierte Kohlenwasserstoffe

In Siedlungsgewässern finden sich oft auch Spuren von Medikamenten, welche durch Medikamenteneinnahme und falsche Entsorgung von aufgebrauchten Medikamenten in das Abwasser und in das Grundwasser gelangen können. Halogenierte Kohlenwasserstoffe werden als Lösungsmittel in der Textilreinigung und in der metallverarbeitenden Industrie verwendet. Schwer abbaubare perfluorierte Chemikalien (PFC) für atmungsaktive Regenschutzbekleidung und schmutzabweisende Oberflächen finden sich auch oft in Siedlungsgewässern. Diese Substanzen lassen sich mit Aktivkohlefilter teilweise entfernen.

Nitrat

Nitrat als Düngemittel oder als Ausscheidung von Nutztieren (Rinder, Schweine, Schafe) findet sich im Oberflächenwasser vor allem in Landwirtschaftszonen, Siedlungsgewässer und im Grundwasser. Der EU-Grundwasserrichtlinie definiert einen Grenzwert von **50 mg/l** und wird in Deutschland in alpinen Regionen und in der unberührten Natur in der Regel nicht erreicht, allerdings sind Konzentrationen von über **50 mg/l** in ca. 5-6 % aller Wald- und Grünflächen zu finden. Im Internet kann man entsprechende Karten für Grund- und Oberflächengewässer mit Nitratkonzentrationen für Deutschland beim Umweltbundesamt, für die EU bei der EU-Kommission und in der Schweiz beim Umweltamt für Umwelt BAFU finden.

Nitrat kann zu Nitrit umgewandelt werden, welches vor allem bei Babys im Alter bis zu etwa sechs Monaten gefährlich ist. Es besteht auch Möglichkeit, dass bestimmte Darmbakterien Nitrat zu Nitrosaminen umwandeln, die als krebserregend gelten. Nitrat lässt sich beispielsweise durch Umkehrosmosefilter oder Destillation entfernen, jedoch nicht durch typische Reisefilter oder Aktivkohle.

5 Risikoeinschätzung von Trinkwasserinfektionen

Menschliche Prädisposition und Infektionsrisiko

Für Menschen, deren körpereigene Abwehrkräfte beeinträchtigt sind - Schwangere, ältere Menschen über 65 Jahre, Kinder mit einem Alter kleiner als 5 Jahren, immunkompromittierte Personen mit chronischen Erkrankungen wie z.b. Diabetes, HIV und durch die Einnahme von immunsuppressiven Medikamenten - ist eine *sichere* Wasseraufbereitung ein Muss. Andere individuelle Faktoren für eine erhöhte Anfälligkeit für Infektionen sind Personen mit der Blutgruppe 0 für Shigellose, Norovirusinfektionen und Cholera. Ein weiterer Faktor ist der pH-Wert der Magensäure: Ist dieser erhöht, z.b. durch Medikamente der Klasse der Magensäureblocker, so steigt das Risiko einer Infektion, insbesondere für säureempfindliche Bakterien wie Clampylobacter oder Salmonellen an. Die Magensäure stellt eine wichtige Barriere der Körperabwehr gegen diese Keime dar, wenn Nahrungsmittel verdaut werden.

Bei einem mehrwöchigen Aufenthalt in einem Land mit hohem Infektionsrisiko entwickelt der Reisende eine bessere Immunität gegen Bakterien und Viren durch das Training des Immunsystems, welche das Risiko einer Erkrankung wesentlich senkt. Aber im Vergleich zur lokalen Bevölkerung ist das Risiko immer noch höher, da die lokale Bevölkerung länger solchen Keimen ausgesetzt ist.

Das Risiko einer Infektion bei fäkal coliformen Bakterien ist gemäß eine WHO-Klassifikation bei →1–10 CFU/100 ml gering, bei 10-100 CFU/ 100 ml mittel, bei 100-1000 CFU/100 ml hoch. Für das Einschätzen des Infektionsrisikos von Giardia spp. und Kryptosporidium parvum werden Infektionsmodelle basierend auf Trinkwasserkontaminationen und die dadurch verursachten Erkrankungen verwendet: Für Giardia spp. beträgt bei ca. 20 Zysten/100 l das Infektionsrisiko ca. 0.8-1 % am Tag eins der Exposition, jeder zusätzliche Expositionstag erhöht das Risiko, z.B. am Tag 5 beträgt das Risiko bereits ca. 4 %, bei 0.6-2.4 Zysten/100 l Wasser beträgt das Risiko ca. 0.1 % pro Tag bei einer Trinkwasseraufnahme von 1.4-2 l/Tag. Kryptosporidienoozysten verursachen bei der Einnahme von 30 Oozysten bei

20 % von gesunden Menschen eine Infektion. Als akzeptables Risiko werden ca. 3 Kryptosporidienoozysten/100 l Wasser angesehen. Bei Viren, insbesondere bei Noroviren genügt schon eine infektiöse Dosis von 1-10 Viruspartikel, um eine Erkrankung auszulösen.

Inkubationszeit und Symptome der Diarrhö

Die Symptome der Diarrhö verursacht von Bakterien und Viren treten meist nach ca. 6–72 h, bei Protozoen nach ca. 1-2 Wochen auf. Gemäß WHO sollte ein Arzt konsultiert werden, wenn der Stuhlgang sehr häufig, sehr wässrig, Blut, Schleim oder Eiter im Stuhl zu sehen sind, bei hohem Fieber oder die Diarrhö länger als 3 Tage dauert.

Das Risiko einer Diarrhö ist am höchsten in den ersten beiden Reisewochen. Daher ist es wichtig in dieser Zeit das Infektionsrisiko durch ein entsprechendes Verhalten beim Essen und Trinken und durch Händewaschen zu minimieren (Kapitel 5 "Reisehygiene"). Die meisten Diarrhöen dauern 3-5 Tage, ca. 90 % sind innerhalb einer Woche beendet, ca. 5-10 % dauern 2 Wochen oder länger. Sobald die Diarrhö beginnt, sollte man genügend Flüssigkeit zu sich nehmen, um die Dehydrierung insbesondere von Kindern und älteren Personen zu verhindern. Zur Behandlung von Dehydrierung nimmt man ein Mineralsalzgemisch, das den Ausgleich von Salz und Wasserverlust bei Diarrhö bewirkt. Fertigpräparate gehören daher in jede Reiseapotheke. Alternativ nimmt man "Simple Sugar Salt Solution": Gemäß WHO Empfehlung gibt man in ein Liter sauberes Wasser 5 Esslöffel Zucker und 1.5 gestrichene Esslöffel Kochsalz.

Bei ungefähr 10 % aller Reisediarrhö findet man später Symptome des Reizdarmsyndroms (Schmerzen oder Unwohlsein im Bauchraum zusammen mit einer Veränderung in den Stuhlgewohnheiten), bei Shigella-, Salmonellen- und Campylobacterinfektionen später findet man später bei ca. 2-3 % als Zweiterkrankung das Reiter-Syndrom (akute Entzündung eines oder mehrerer Gelenke).

Risikoeinschätzung von Landschafts- und Siedlungszonen für Keime und Pestizide

Geringes Risiko: Mittelgebirge, alpine Zone und unberührte Natur

Wissenschaftliche Untersuchungen von alpinen Wanderrouten in den Sierra Nevada Mountains (USA) in Höhen von 1800 m bis 4200 m über einen Zeitraum von 5 Jahren (2002-2006) ergaben folgendes Bild bei 105 untersuchten Wasserstellen: In der unberührten Natur waren 8.5 % der Wasserproben mit coliformen Kolibakterien bis zu 100 CFU/100 ml kontaminiert, in Gegenden mit Viehhaltung enthielten 88-100 % der Wasserproben bis zu 600 CFU/100 ml, (wobei eine Kuh so viele Fäkalien pro Tag hinterlässt, wie zu 100 Wanderer pro Tag), bei reinen Wanderrouten enthielten 18 % der Wasserproben bis zu 200 CFU/100 ml, Routen mit Wanderer und Packtiere enthielten immer Kolibakterien, bis zu 700 CFU/100 ml. Ein ähnliches Bild ergab sich bei einer Untersuchung im Sommer 2012 von 10 untersuchten Wasserstellen an Lagerstellen für Wanderer am Appalachian Trail, wobei eine Belastung mit coliformen Bakterien bis zu 489 CFU/100 ml festgestellt wurde. Andere Untersuchungen fanden in Wasserproben in der unberührten Natur Giardazysten von ca. 0.5-5/100 l und Kryptosporidienoozysten bis ca. 46/100 l. In ca. 60 % aller Oberflächenwässer in USA findet man Giardia oder Kryptosporidien.

Giardia und Kryptosporidien sind auch in Deutschland verbreitet. So haben umfangreiche Untersuchungen des Landesgesundheitsamtes von Flusswässern, Seewässern und Karstwässern in Baden-Württemberg gezeigt, dass sich in bis zu 50 % dieser Gewässer Dauerstadien dieser Parasiten nachweisen lassen. Die mittleren Parasiten-Zahlen waren hier allerdings mit 1–5 Giardiazysten/100 l und 5–8 Kryptosporidienoozysten/100 l relativ niedrig. In der Schweiz gab es ähnliche Untersuchungen, wobei Quellen am Jurasüdfuss in Kanton Baselland, Schweiz 8-100 Kryptosporidienoozysten/100 l je nach Jahreszeit und Regenfällen enthielten. Eine ähnliche Verbreitung in Oberflächenwasser fand man in Österreich, Spanien, Griechenland, England, Finnland, Norwegen und Australien.

Die humanpathogene Virenbelastung in freien Natur korreliert immer mit der Anwesenheit von einer größeren Anzahl von Menschen an Wanderrouten oder Lagerplätzen. Diese Daten über die typische lokale Verbreitung von Keimen und Parasiten und deren Anzahl in Wasser in Kombination mit dem Infektionsrisiko der jeweilen Keimart für Menschen bilden die Grundlage für eine Risikoeinschätzung.

Das Wasser ist unbehandelt trinkbar mit geringem Risiko für immunkompetente Personen unter der Voraussetzung:

Gutes Rohwasser ist Quellwasser, ist in Quellnähe, ist klar, kühl, schnell fließend, hat wenig bis kein Geruch, keine Färbung, mit sandigem oder steinigem Boden ohne Bewuchs, vorhanden sind Insekten wie Eintagsfliegen und Steinfliegenlarven.

Gute Rohwasserqualität

Belastetes Wasser ist oft trübe, hat einen modrigen Geruch, mit schlammigem, dunklem Boden, enthält oft Algen und Wasserlinsen, vorhanden sind Wasserflöhe, und Wasserasseln. Nicht unbehandelt trinken.

Schlechte Rohwasserqualität

Es dürfen in der Umgebung der Wasserentnahmestelle keine Berghütten oder Lagerplätze mit ungenügender sanitärer Ausstattung vorhanden sein, welche Quellen und Bäche mit Fäkalien kontaminieren, sich wenig

Wildtiere aufhalten und keine Viehhaltung stattfinden. Auch keine vielbegangenen Wanderwege, da oft eine nicht fachgerechte Entsorgung von Fäkalien stattfindet, sowie keine Wege, wo Tragetiere für den Gepäcktransport verwendet werden. Bei oder nach Regenfällen sollte kein Wasser entnommen werden, da Fäkalien aus dem Boden in das Wasser eingetragen werden. Das Rohwasser sollte unterhalb der Wasseroberfläche und nicht an Grundnähe entnommen werden, um Aufwirbelungen des Wassers vermeiden. Stehende Gewässern vermeiden, da hier die Wassertemperaturen höher sind, welche in der Regel eine höhere Keimbelastung bedeuten.

> **Hinweis.** Regenwasser direkt auf einer sauberen Folie oder einem Tarp etc. aufgefangen ist ohne weiteres trinkbar.

Das Risiko einer Infektion bei kumulativem täglichem Trinken von unbehandeltem trinkbarem Wasser kann trotz geringer Keimanzahl und abhängig vom Keimtypus ab Tag zwei ansteigen und bedingt im Krankheitsfall je nach Schwere der Diarrhö einen Tourenstop. Sollten sich medizinische Komplikationen ergeben, die eine ärztliche Hilfe erfordern, kann dies unter widrigen Wetterbedingungen und bei großer Entfernung zu einer medizinischen Infrastruktur schnell zum Problem werden, welche sich durch Wasserdesinfektionsmethoden einfach vermeiden lassen.

> **Merke: Aus dem Aussehen des Rohwassers kann man nicht beurteilen, welche und wie viele Keime und ob chemische Verunreinigungen enthalten sein können. Dies kann nur mit biologischen und chemischen Analysenverfahren sicher bestimmt werden.**

Tipp. Als einfache Hilfsmittel zur Einschätzung des Nitrat- und Nitritgehalts, von Schwermetallen, Pestiziden, Öle und Benzin in Landwirtschaftszonen und Reiserisikogebieten mit fragwürdiger Wasser- und Abwasserinfrastruktur kann man Trinkwasserteststreifen einsetzen. Solche Teststreifen erlauben innerhalb von wenigen Minuten eine quantitative oder qualitative Aus-

Teststreifen für Nitrat und Nitrit: Das Rohwasser eines Bachs aus einer Landwirtschaftszone enthält ca. 2 mg/l Nitrat und kein Nitrit. Testergebnis nach einer Minute

sage über diese Verunreinigungen. Durch eine unter-schiedliche Färbung nach dem Eintauchen des Teststreifens in die Wasserprobe und dem Vergleich mit einer Referenzfarbskala lässt sich die Konzentration der Verunreinigung abschätzen. Diese Teststreifen sind klein und wiegen sehr wenig (Dimension ca. 5 mm x 70 mm, **0.1 g**).

Mittleres Risiko: Landwirtschaftszone

Rohwasser von Landwirtschaftszonen ist oft mit Pestiziden und Düngemitteln (Nitrat), mit Bakterien, Viren, Protozoen durch die Viehhaltung und Abwässer von Landwirtschaftsbetrieben belastet. Bei der Rohwasserentnahme sollte in der Umgebung auf Einleitungen von Landwirtschaftsbetrieben geachtet werden. Dieses Wasser sollte nicht verwendet werden. Es sollte bevorzugt mit mechanischem Wasserfilter, welche auch Viren entfernen können, gearbeitet werden. Als letzten Reinigungsschritt wendet man Aktivkohlefilter zur Entfernung von Pestiziden an.

Quellfassung eines Brunnens im Weidegebiet: Rohwasser nur gereinigt trinken

Hohes Risiko: Besiedelte Gebiete mit Oberflächenwasser

Besiedelte Gebiete mit Oberflächenwasser weisen sehr oft hohe Belastungen mit Bakterien, insbesondere Viren, Protozoen, und Chemikalien sowie Trübungen auf. Eine Ausnahme sind im Allgemeinen die EU-Staaten und die Schweiz mit strengen Gewässer- und Abwasservorschriften und

Kontrollen. Diese Oberflächengewässer weisen meistens eine gute Wasserqualität auf. Dennoch sollte bei der Rohwasserentnahme auf Einleitungen von Industrieabwässern, Abfällen und Kläranlagen in der Umgebung geachtet werden. Solches Oberflächenwasser sollte nicht verwendet werden.

> **Hinweis:** Badegewässer dürfen nach der Europäischen Richtlinie 2006/7 EG mit einer E-Colibelastung von kleiner als 500/100 ml Wasser und →Fäkalstreptokokken kleiner als 200/100 ml als ausgezeichnete Qualität bezeichnet werden. Es werden keine Parasiten- und Virenspezies berücksichtigt. Man geht davon aus, dass ein Badender ca. 50 ml Wasser schluckt. Allerdings wurden schon erhöhte Infektionsraten bei einer Belastung von 32 Streptokokken/100 ml oder bei Belastungen von größer als 200 coliformen Bakterien 100 ml festgestellt. Untersuchungen von Badeseen in Frankreich, Spanien, Belgien und in den Niederlanden ergab eine durchschnittliche Anzahl von 0.07- 0.67 Kryptosporidien/l und 0.23-0.7 Gardiazysten/l. Daher sollte auch Wasser aus Badegewässern besser nur gereinigt getrunken werden.

Das Rohwasser sollte immer mit einem mechanischen Wasserfilter, welcher auch Viren entfernen kann, gereinigt werden und als letzten Reinigungsschritt mit Aktivkohlefilter zur Entfernung von Pestiziden und anderen Chemikalien gereinigt werden.

In Ländern mit geringen sanitären Abwasserstandards ist das Oberflächenwasser oft mit Haus- und Industrieabfällen versetzt, belastetes Wasser ist oft trübe, mit Schaum, zum Teil farbig, hat einen modrigen oder übelriechenden Geruch, mit schlammigem, dunklem Boden und der Pflanzenbewuchs meist verkümmert oder nicht vorhanden. Solches Rohwasser ist *nicht* zu gebrauchen.

6 Wasseraufbereitung

Das Wissen um Methoden der Wassereinigung und dem Einfluss auf die Gesundheit ist schon seit Jahrtausenden bekannt, obwohl man die genaue Ursache durch krankmachende Mikroorganismen erst seit 133 Jahren kennt. Der erste schriftliche Hinweis zur Filtration und Abkochen von Wasser stammt aus dem 6. Jahrhundert vor Christus im indischen Schriftwerk der Medizin und Chirurgie „Sushruta Samhita". In Indien, im Sudan und Kenia wird beispielweise seit Jahrhunderten der Samen des Moringa oleifera Baumes zur Wasserreinigung benutzt.

Erst 1854 wies der Wissenschaftler John Snow in England schließlich mit Hilfe des Mikroskops Cholera-Bakterien im Wasser nach und nutzte Chlor zum Abtöten der Bakterien.

Das Ziel der Desinfektion ist es Trinkwasser in solcher Qualität herzustellen, sodass es nur eine minimale Keimanzahl und Verunreinigungen enthält und somit das Auftreten einer Erkrankung mit einer geringen statistischen Wahrscheinlichkeit akzeptabel ist.

Wasserreinigungsrichtlinien bestimmen beispielsweise, dass aus Rohwasser 99.9999 % der Bakterien (→Logreduktion 6), 99.99 % der Viren (Logreduktion 4) und 99.9 % (Logreduktion 3) von Protozoen entfernt werden müssen. Coliforme Bakterien und Enterokokken und dürfen im Trinkwasser in einer 100 ml Wasserprobe nicht vorhanden sein, da diese auf eine Kontamination des Wassers mit Fäkalien hinweist. Für bestimmte Schwermetalle, Pestizide und andere Chemikalien, welche die menschliche Gesundheit beinträchtigen können, sind ebenfalls Grenzwerte definiert.

Damit Trinkwasser unterwegs mit einer akzeptablen Qualität hergestellt werden kann, muss man je nach Rohwasserqualität unterschiedliche Methoden anwenden oder kombinieren, da eine einzelne Methode nicht alle Verunreinigungen aufgrund unterschiedlicher Eigenschaften aus dem Wasser entfernen kann.

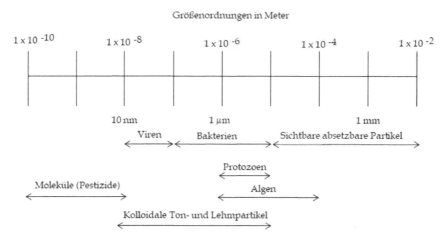

Wasserverunreinigungen haben unterschiedliche Größen

Genereller Prozess der Wasseraufbereitung unterwegs

Der **erste Schritt** besteht immer in die Einschätzung der Rohwasserqualität bezogen auf die Umgebung der Wasserentnahme. Dabei sollte grundsätzlich die beste Rohwasserqualität verwendet werden, die man finden kann. Wesentliche Faktoren zur Risikoeinschätzung von Mikroorganismen und Verunreinigungen im Rohwasser werden im Kapitel 4 „Inhaltsstoffe von Rohwasser" besprochen. Im **zweiten Schritt** führt man üblicherweise die Klärung des Rohwassers durch, wenn dieses trübe ist. Danach wird im **dritten Schritt** eine Desinfektionsmethode angewendet. **Am Schluss** des Reinigungsprozesses kann eine Aktivkohlefiltration durchgeführt werden, um den Geschmack zu verbessern und eventuell vorhandene Schwermetalle oder Chemikalien im Wasser zu reduzieren oder zu entfernen.

Die nachfolgenden Kapitel zeigen eine Zusammenstellung von praktikablen und effektiven reisetauglichen Klärungs- und Desinfektionsmethoden, welche im Detail beschrieben werden.

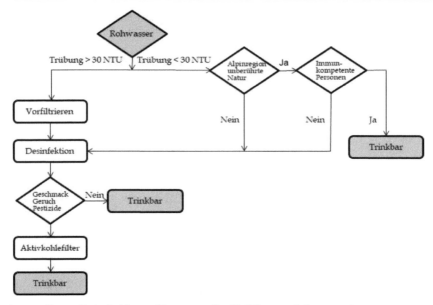

Anwendbares Entscheidungsdiagramm für die Wasserreinigung unterwegs aus möglichst bester Rohwasserqualität und einer lokalen Risikoeinschätzung des Rohwassers

Vorbereitung von Rohwasser vor der Desinfektion

Eine Vorreinigung von leicht trübem oder trübem Rohwassers vor der Desinfektion ist immer empfehlenswert. Die Methoden der UV- und chemischen Desinfektion erfordern möglichst optisch klares Rohwasser oder leicht trübes Wasser (kleiner als 30 →NTU) zur effektiven Reduktion der Keimbelastung. Mechanische Filtermaterialien (Keramik, Glasfaser oder Hohlfaser) verstopfen oft bei trübem Wasser und müssen wiederholt gereinigt werden, weil die Filteroberfläche begrenzt ist und die eingebauten Vorfilter, - wenn vorhanden- oft eine Porenweite größer als 100 µm haben und nur gröbere Schmutzpartikel zurückhalten. Eine Vorreini-

Links: Trübung ca. 30 NTU
Rechts: Trübung ca. 1 NTU (Leitungswasser)

gung erhöht zudem die Lebensdauer von mechanischen Filtern erheblich und erweitert das Anwendungsgebiet von mechanischen Filtern, welche nur für leicht trübes Wasser qualifiziert sind, auch für trübes Wasser. Eine qualitative Abschätzung der Trübung kleiner als 30 NTU kann mittels Durchsichttest durch eine transparente PET-Flasche von oben (25 cm Länge) und der klaren Lesbarkeit einer Zeitungsüberschrift am Boden der PET-Flasche erfolgen oder durch die klare Erkennung der gespreizten Finger quer durch die PET-Flasche, wenn man diese in der Hand hält.

Folgende einfache Techniken können zur Reduktion von Trübungen eingesetzt werden:

Methode	Technik	Qualifizierung
Sedimentation	Absetzen der Schwebstoffe am Boden in einem Behälter für ca. eine bis drei Stunden, Überstand abgiessen und für weitere Desinfektionsschritte verwenden	Dauert lange, →Kolloide lassen sich nicht entfernen. Das Abgiessen wirbelt die abgesetzten Trübstoffe oft wieder auf. Wasser mit NTU < 30 in Regel nicht erreichbar, ca. 10-60 % der grossen Partikel lassen sich entfernen.
	Selbst gebauter Sedimentfilter aus Sand mittels PET-Flasche	
Koagulation-Ausflockung	Einrühren von Alaun (8-10 mg/l), Moringasamenpulver, oder Holzasche in das Rohwasser: Rühren für ca. 5 Minuten, 30-60 min stehen lassen, Überstand abgiessen und für weitere Desinfektionsschritte verwenden oder durch z.B. Baumwolltuch, Mikrofasertuch oder Kaffeefilter filtrieren	Sehr effektive Methode, grobe Partikel und Kolloide lassen sich aus trübem Wasser bis zu 99 % reduzieren. Wasser mit < 30 NTU leicht erreichbar. Mit Alaun und Moringasamenpulver lassen sich aus leicht trübem oder trübem Wasser zwischen 98-100 % coliforme Bakterien entfernen. Holzasche ist weniger effektiv.
Vorfiltration	Mikrofasertuch	Beseitigt grobe Schmutzpartikel, keine Kolloide, filtert schnell (ca. 0.5 l/min). Ca. 1-60 % dieser grossen Partikel lassen sich entfernen.
	Kaffeefilter Porenbreite 10 μm	Filtert auch kleinere Partikel, keine Kolloide, filtert schnell (ca. 0.5 l/min), Wasser mit < 30 NTU oft nicht erreichbar. Einmalgebrauch.
	Nadelfilzfilterbeutel/Siebgewebe aus Polyester (PES) Porenbreite 1 μm	Filtert sehr effektiv auch kleine Partikel, keine Kolloide, filtert schnell (ca. 0.5 l/min), lebensmittelecht, hitzestabil bis 150 °C, auswaschbar und wiederverwendbar. Wasser mit < 30 NTU meist erreichbar

Verschiedenen angewandten Techniken der Trübungsreduktion von trübem Teichwasser mit >100 NTU, welches Kolloide enthält:
Linkes Bild: Koagulation-Ausflockung. 1. v.l. Holzasche, geringe Wirkung; 2. v.l. Moringasamenpulver, nach 30 min flockiert; 3. v.l. Alaun, nach 30 min flockiert. Rechtes Bild: 1. v.l. Filtrieren mit Kaffeefilter; 2. v.l. Nadelfilzfilterbeutel; 3. v.l. Mikrofasertuch. Kaffeefilter und Mikrofasertuch zeigen wenig Effekt für Kolloidentfernung

Die Koagulation-Ausflockung-Methode mit Alaun „bittere Tonsalzerde", - einem Kalium-Aluminiumsulfatsalz -, oder von Moringasamenpulver vom Moringa oleifera Baum, welcher in grossen Teilen Afrikas und Indien, Pakistan, Sri Lanka, Indonesien, in der Karibik, in Mittel- und Südamerika sowie auf der kanarischen Insel Teneriffa wächst, beruht auf elektrostatischen und adsorptiver Wechselwirkung mit der Oberfläche von Bakterien, Viren, Protozoen und anderen Schmutzpartikeln. Diese beginnen innerhalb von 30-60 Minuten nach der Zugabe zu klumpen. Die entstehenden →Schmutz-Aggregate sind so groß, dass diese auch durch ein feines Baumwollgewebe filtriert werden können.

Alaun ist in blutstillenden Stiften für die Rasur enthalten und wird auch in der Backindustrie verwendet. Die Menge von ca. **8-10 mg**/l Alaun -eine kleine gehäufte Messerspitze- reicht selbst bei stark trübem Rohwasser aus, um das Rohwasser praktisch optische klar zu bekommen. Ca. 70 % des Alauns wird im Schmutz gebunden. Die empfohlene Aluminiumeinnahme laut Empfehlung des deutschen Bundesgesundheitsamts sollte pro Woche nicht mehr als **1 mg**/kg Körpergewicht liegen. Mit Alaun lassen sich daher bis zu 20 Liter trübes Rohwasser pro Woche bei einem Körpergewicht des Anwenders von 70 kg behandeln.

Moringasamen (*Moringa oleifera* oder *Moringa stenopetala*) für die Rohwasserbehandlung werden von der Schale befreit, pulverisiert und in das Rohwasser gegeben, wobei ein Samen für zwei Liter leicht bis mittel trübes Wasser und für trübes Wasser ein Samen für einen Liter ausreicht.

Nadelfilzfilterbeutel oder Siebgewebe aus für Lebensmittel zugelassenem Polyester in unterschiedlicher Porenweite von 1-100 µm werden in der Lebensmittelindustrie zum Filtern von Säften, Ölen, Milch oder zur Wasservorreinigung eingesetzt und eignen sich sehr gut zur Vorfiltration, da sie sehr leicht sind, je nach Größe nur **5-30 g** wiegen, gut zu transportieren sind, wiederverwendet werden können, auch extrem schmutziges Wasser filtrieren und preiswert sind (Kosten ca. 3-5 Euro). Siebgewebe lassen sich zusammenfalten, Nadelfilzbeutel können nicht gefaltet werden, da das Material steif ist.

Nadelfilzbeutel (links) und Siebgewebe (rechts) aus Polyester, Porenbreite 1 µm

Improvisierter Sedimentationsfilter zum Reduzieren von Trübungen. Man schneidet den Boden einer PET-Flasche ab und versieht die PET-Flasche mit einer Aufhängevorrichtung. In den Deckel bohrt man ein Loch mit ca. 1-2 mm Durchmesser. Den PET-Flaschenauslauf deckt man dicht mit einem Stoffstück oder 1-2 cm Samenfasern z.B. von Rohrkolben ab. Dann füllt man zuerst mehrere Zentimeter feinen und sauberen Sand und anschließend Sandkiesgemisch in dichter Schüttung bis ca. 10 cm Höhe ein, ohne dass am Rand Lücken entstehen, weil sonst Trübstoffe ungefiltert in das Auffanggefäß gelangen. Die Filterleistung beträgt ungefähr 100-180 ml/h, wobei die Tropfgeschwindigkeit ca. 1 Tropfen/Sekunde betragen sollte.

Einfacher Sand-Sedimentationsfilter mit einer PET-Flasche

Methodenübersicht zur Entfernung von Mikroorganismen und Helminthen

Mikroorganismen/Helminthen	Abkochen	UV-A Elektrisch 90 sek/l	SODIS Sonnenlicht 6 h	TiO-Katalyse Sonnenlicht 3 h	Mikrofiltration Porenweite	Natriumhypochlorid	Iod	Chlordioxid	Kombination von Methoden
Protozoen: Giardia Lamblia, Entamoeba histolytica	effektiv	effektiv	Giardia Lamblia: Log-reduktion 2-3 Entamoeba histolytica: nicht effektiv	effektiv	effektiv $\leq 1\,\mu m$	effektiv	effektiv	effektiv	SODIS: Effektiv $\geq 50°C$, 3 h
Protozoen: Kryptosporidien	effektiv	effektiv	Log-reduktion 0.3-0.4, bei 10 h > 3	effektiv	effektiv $\leq 1\,\mu m$	nicht effektiv	nicht effektiv	effektiv	SODIS: Effektiv $\geq 50°C$, 3 h
Bakterien	effektiv	effektiv	effektiv	effektiv	effektiv $\leq 0.3\,\mu m$	effektiv	effektiv	effektiv	SODIS: Effektiv $\geq 50°C$, reduziert zu 1 h
Enterische Viren: Novovirus, Rotavirus	effektiv	effektiv	Log-reduktion 0.5-1	effektiv	effektiv $\leq 0.02\,\mu m$	effektiv	effektiv	effektiv	SODIS: Effektiv $\geq 50°C$, 2 h Mikrofilter mit Porenweite $\geq 0.02\,\mu m$ benötigen zur Virenbeseitigung eine Nachbehandlung mit Halogenen, UV-Licht, oder Abkochen.
Helminthen: Eier, Larven, Nematoden	effektiv	keine Daten	Log-reduktion 0.5-1	keine Daten	effektiv $\leq 10\,\mu m$	effektiv für Schistosomiasis spp.	keine Daten	keine Daten	SODIS: Effektiv $\geq 50°C$, 1 h (Schistosomiasis spp.)

*Klares bis leicht trübes Wasser **Effektiv**: Log Reduktion 5-6 für Bakterien, Log Reduktion 4 für Viren, Log Reduktion 3 für Protozoen

Abkochen

Abkochen ist die sicherste Methode um *humanpathogene* Keime und Helminthen aus dem Rohwasser zu entfernen, auch aus trübem Wasser und in großer Höhe, da Bakterien, Protozoen, Viren und Helminthen sehr empfindlich gegenüber Temperaturen kleiner als 100°C sind. Eine Ausnahme sind bakterielle Sporen, wie z.b. Clostridium spp., welche bei 100°C überleben. Dieser kommt aber im Wasser sehr selten vor, da der Keim nicht →wasser-assoziiert ist und praktisch nur in kontaminierten Lebensmitteln vorkommt. Milch wird beispielsweise bei 63°-65°C für 30 min oder bei 72°C für 15-30 Sekunden pasteurisiert, um als sicheres Nahrungsmittel zu gelten. Die Hitze im angegebenen Temperaturbereich und Dauer bewirkt in Proteinen und Erbsubstanz, den wichtigen Bausteinen von Zellen und Viren, eine irreversible Veränderung der dreidimensionalen Struktur, sodass diese z.b. die Zellvermehrung nicht mehr ausführen können.

Der einzige Nachteil des Abkochens ist der Energieverbrauch bei Holz (ca. **300 g/l**) oder bei flüssigen Brennstoffen Benzin und Gas (ca. **15-20 g/l**). Trübungen vermindern die Effektivität der Entkeimung nicht, allerdings beschleunigen die Trübstoffe eine Wiederverkeimung und das ästhetische Aussehen von trübem Wasser ist dem Trinken nicht förderlich. Daher ist es besser Rohwasser vorzureinigen, wenn die Möglichkeit besteht. In folgender Tabelle sind Desaktivierungszeiten und Temperaturen von häufig vorkommenden Keimen aufgelistet.

Keim	Minimaltemperatur °C	Deaktivierungszeit Min.
Escherischia Coli	60	5 (Logreduktion 6)
Clampylobacter spp.	63	5 (Logreduktion > 5)
Shigella sonnei	65	18 sek (Logreduktion 6)
Vibrio cholera	55	2 (Logreduktion 5)
Salmonella spp.	60-62	10 (Logreduktion 6)
Legionella spp.	80	5 (Logreduktion 6)
Enteroviren	60	30 (Logreduktion 4.3)
Enteroviren	75	30 sek (Logreduktion 5)
Hepatitis A	60	30 (Logreduktion 5.4)
Hepatitis E	60	30 (Logreduktion > 4)
Giardia spp.	54	6 (Logreduktion > 3)
Entamoeba histolytica	54	6 (Logreduktion > 3)
Cryptosporidium spp.	64	2 (Logreduktion > 3)
Helminthen: Eier, Larven, Nematoden	62	6 (100%)

Das Abkochen des Wassers bis zum Sieden ist daher völlig ausreichend, da die Zeit bis zum Sieden länger ist als die minimale Deaktivierungszeit für die Keime. Brennstoff kann gespart werden, wenn z.B. eine niedrigere Temperatur lt. Tabelle angewandt wird.

> Ein gutes Hilfsmittel ohne klassisches Thermometer sind reversible Temperaturstreifen (Dimension ca. 7-10 mm x 42 mm), mit Temperaturschritten von 5°C von 50°- 90°C. Diese wiegen nur **0.1g**, kosten ca. 1-2 Euro/Stück und können immer im Gepäck mitgeführt werden. Diese reversiblen Messstreifen sind flexibel und gekapselt und eignen sich zur dauerhaften Temperaturablesung. Der Farbwechsel findet unmittelbar beim Erreichen der definierten Temperaturgrenze statt. Sobald die Temperatur sinkt, wechselt die Farbe wieder zurück in ihren Ausgangszustand. Die Messtoleranz liegt bei +/- 2°C.

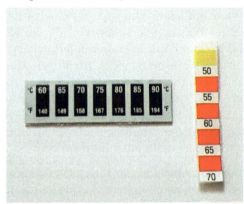

Reversible Temperaturstreifen

> In Hotels, Hostels, Ressorts und Ferienunterkünften kann auch heißes Leitungswasser verwendet werden, sofern es eine Temperatur größer als 55°C aufweist. Untersuchungen haben gezeigt, dass das Wasser praktisch desinfiziert ist, wenn es im Heißwasserboiler *mindestens 30 min* auf Temperatur gehalten wird. Die Temperatur kann mit z.B. reversiblen Temperaturstreifen festgestellt werden.

Hinweis. Rohwasser, welches Cyanoalgen enthält, zunächst nur erwärmen bis ca. 60°C, *nicht* kochen, damit die Toxine nicht freigesetzt werden, die Algen absetzen lassen und entfernen, dann erst abkochen. Besser ist es jedoch das trübe Rohwasser vorzureinigen.

Für das Abkochen als Backupmethode zur den üblichen Desinfektionsmethode Filtern, UV-Desinfektion oder chemische Desinfektion sollte immer ein Metallgefäß mitgeführt werden, z.B. eine Titantasse mit Deckel und einem Volumen von 500-700 ml, Gewicht ca. **60-80 g** (500 ml Edelstahltassen wiegen ca. **160 g** ohne Deckel), eine Edelstahlflasche oder minimal eine Backofenaluminiumfolie, mit welcher ein Gefäß geformt werden kann, da es zeitaufwendig ist Gefäße aus Naturmaterialien herzustellen.

Improvisierte Abkochmethoden und Behälter

Eine bekannte improvisierte Abkochmethode ist das „inverse Abkochen" mit Hilfe von heißen Steinen in einer Vertiefung im Boden, welche mit ungiftigen großen Blättern z.b. der Großen Klette (*Arctium lappa*) ausgelegt wird, damit das Rohwasser nicht abfließen kann. Man legt in das Rohwasser so lange heiße Steine und nimmt erkaltete Steine wieder heraus, bis das Wasser eine Temperatur von ca. 80°C erreicht hat. Eine Rettungsdecke, formstabil bis ca. 70°C, kann auch benutzt werden (Kontrolle mit Temperaturstreifen), wobei auch hier zum Schutz der Folie Blätter oder Rindenstücke aus ungiftigem Holz verwendet werden müssen. Die Verwendung von wasserdichten Jacken zum Auslegen der Vertiefung (Schutz des Jackenstoffs mit Blättern) sollte nur im Notfall gemacht werden, da die Oberflächenimprägnierung der Jacken in das Wasser übergehen kann.

Alternativ kann man auch Schilf- oder Bambusrohre oder die Stängel des Japanischen Staudenknöterichs (*Fallopia japonica*) mit Rohwasser füllen und auf dem Feuer erhitzen. Die Stängel mit großen Durchmesser werden unterhalb des Stängelknotens abgeschnitten und können mit Rohwasser und zur Vermeidung eines Siedeverzugs mit einem Steinchen befüllt werden. Auch das Ausbrennen von ungiftigen Holzstämmen oder dicken Ästen zur Gefäßherstellung und anschließendem inversen Abkochen mit heißen Steinen ist möglich. Für die Gefäßherstellung wird ein glühendes Holzkohlenstück auf den Holzblock gelegt und mithilfe eines Plastikschlauchs oder z.B. eines Schilfröhrchens punktgenau die Glut angeblasen und damit in die erwünschte Hohlform gebrannt.

Eine andere Möglichkeit ist die Herstellung von Rindenbehältern in Schalenform aus frischer, dünner und großer quadratischer Birken-, Weiden-, Fichten- oder Eschenholzrinde durch entsprechende Faltungstechnik. Die Seitenteile der Wanne werden hochgebogen und die Ecken der gefalteten Wanne können mit Klammern aus gespaltenen Holzstöckchen fixiert werden. Mit diesen Rindenbehältern kann das Rohwasser direkt auf dem Feuer erhitzt werden.

PET-Flaschen finden sich fast überall und können auch zum Abkochen bei niedriger Temperatur verwendet werden, diese sind formstabil bis ca. 70°C. Die teilgefüllte PET-Flasche wird auf wenig Holzglut sachte erwärmt. Das Austreten der Weichmacher DEHA und DEHP bei 60°C für 7 h in das Wasser ist ca. 170-fach für DEHA und ca. 10-fach für DEHP unter den definierten Grenzwerten der WHO, auch unter Sonnenlichtbestrahlung. Antimon als Katalysator für die Herstellung der PET-Kunststoff kann aus PET-Flaschen bei 70°C nach 12 Tagen, bei 75°C nach ca. 5 Tagen austreten, um den Grenzwert zu überschreiten.

Bratfolienbeutel für den Backofen bestehen aus klarem PET-Kunststoff, diese sind hitzestabil bis 200°C und können auch verwendet werden.

Rohwasserdesinfektion mit PET-Bratfolie

FAZIT

Abkochen ist die sicherste Methode zur Desinfektion, kann fast überall angewendet werden, wo Brennstoffe und Gefäßmaterialien vorhanden sind und Feuer machen erlaubt oder möglich ist. Das Vorfiltrieren von trübem Rohwasser sollte immer, wenn möglich, durchgeführt werden. Chemikalien werden nicht entfernt und der Geschmack bleibt unverändert.

Chemische Desinfektion mit Halogenen (Natriumhypochlorid, Iod, Chlordioxid)

Die chemische Desinfektion ist eine weltweite angewandte Methode und ist seit mehr als 160 Jahren bekannt. Für eine wirksame Anwendung der Halogene ist Folgendes zu beachten:

Die Trübung. Organische Trübungsbestandteile im Wasser reagieren mit Halogenen. Für eine effektive Desinfektion muss eine hohe Konzentration angewendet werden, um den Verlust des reaktiven Halogens zu kompensieren. Sicherer ist es, die Trübung vor der Desinfektion zu entfernen.

Die Temperatur. Die Anwendungsdauer wird durch die Temperatur bestimmt, niedrige Temperaturen (5°C) erfordern mindestens doppelt so lange Kontaktzeiten des Halogens mit dem Rohwasser als bei 25°C.

Empfindlichkeit der Keime gegenüber Halogenen. Bakterien und Viren sind sehr empfindlich für Halogene. Die Protozoen Giardia spp. und Entamoeba histolytica sind resistenter gegen Halogene und erfordern längere Kontaktzeiten und höhere Konzentrationen.

Kryptosporienoozysten sind extrem widerstandsfähig gegenüber den Halogenen. Natriumhypochlorid und Iod sind unwirksam, auch bei langer Kontaktzeit und höherer Konzentration. Chlordioxid ist das einzige effektive Halogen gegen Kryptosporienoozysten. Es erfordert Kontaktzeiten von bis zu 40 min. Natriumhypochlorid wirkt gegen Schistsomiasis spp., gegen andere Helminthen z.B. Nematoden und Spulwurmeier (Ascaris lumbricoides) ist es wenig wirksam, für Iod und Chlordioxid gibt es keine Daten.

Natriumhypochlorid

Kommerziell erhältliche chemische chlorbasierte Desinfektionsmittel wie das Katadyn Micropur Forte MF 1T gibt es als in Tablettenform, wobei 100 Tabletten für 100 l nur **20 g** wiegen oder als Katadyn Micropur Forte MF 100F Lösung mit Natriumhypochlorid. Die Tablettenform enthält Natriumdichlorisocyanurat und setzt Natriumhypochlorid frei, das beigefügte Silbersalz verhindert eine Wiederverkeimung bis zu 6 Monaten. Katadyn Micropur Forte wirkt lt. Herstellerangaben bei klarem Rohwasser gegen Bakterien und Viren mit Kontaktzeiten bis 30 min, bei Entamoeba histolytica und Giardia mit Kontaktzeiten bis 2 h.

Chlorbleiche

Handelsübliche 5 % Chlorbleiche ohne Zusätze

Haushaltschlorbleiche wird üblicherweise in 5 % Natriumhypochlorid Konzentration verkauft und darf für Wasserdesinfektionszwecke *keine* Zusatzstoffe wie z.B. Parfüme enthalten und muss entsprechend den Sicherheitsvorschriften des Herstellers gehandhabt werden. Die Dosierungsanwendung findet sich in nachfolgender Tabelle und muss eingehalten werden, um eine Überdosierung zu vermeiden. Für den Reisegebrauch wird lt. WHO eine Maximaldosis von 5 mg/l in leicht trübem Wasser empfohlen, für den Langzeitgebrauch lt. →CDC und klarem Wasser nicht mehr ca. 2 mg/l. Mithilfe eines Löffels und eines ca. 5 cm langen Papier- oder Kaffeefilterstreifens lässt sich ein Tropfenzähler improvisieren. Dabei gibt man eine kleine Menge Chlorbleiche in den Löffel, legt den Papierstreifen ca. 2 cm weit in Löffel und lässt die Chlorbleiche am überstehenden Papierstreifen entlang in das Rohwasser tropfen.

Iod

Die Verwendung von Iod zur Wasserdesinfektion ist in den USA erlaubt, in Europa seit 2009 verboten, da sich Iod im Körper anreichert und negative gesundheitliche Folgen haben kann. Als Notfalldesinfektionsmittel kann 10 % Betadine Lösung benutzt werden, welche man oft zu Desinfektionszwecken im Erste-Hilfe Kit mitführt. Die Dosierungsanwendung findet sich in folgender Tabelle.

Nach der Desinfektion sollte eine Aktivkohlefiltration durchgeführt werden, um Reste von Iod zu entfernen und den Geschmack zu verbessern.

Die Ioddesinfektion in klarem Wasser in den angegebenen Konzentrationen lt. WHO nicht länger als 4 Wochen anwenden. Schwangere und Personen mit Schilddrüsenproblemen, hypersensitive Personen und Personen mit chronischem Iodmangel sollen auf diese Desinfektionsmethode verzichten.

Konzentration/l Halogen im Rohwasser entspricht Zugabe einer definierten Menge Halogen in ml oder Tropfen zum Rohwasser		Kontaktzeit Minuten		
Chlorbleiche 5 %	Betadine Lösung 10 %	Temperatur 5°C	15°C	25°C
2 mg/ l, ca. 0.05 ml ca. 1 Tropfen	-	240	180	60
5 mg/ l = 0.1 ml 2 Tropfen	4 mg/l = 0.35 ml 8 Tropfen	180	60	45

Chlordioxid

Chlordioxid hat eine bessere bakterizide und viruzide Wirkung als Natriumhypochlorid und Iod, ist wirksam gegen Kryptosporidienoozysten und Bakterien, welche Sporen generieren und wirkt auch in leicht trübem Wasser. Ein typischer Chlorgeschmack entwickelt sich nicht.

Ein kommerziell erhältliches auf Chlordioxid basierendes Produkt ist McNett-Aquaventure A+B der Firma McNett. Zwei Lösungen bestehend lt. Hersteller aus Natriumchlorit und einem Aktivator aus Phosphorsäure werden vorgemischt und 5 min stehen gelassen. Dann wird 1 l Rohwasser zugeben, gerührt, und 15 min stehen gelassen, bei Kryptosporidien, kaltem Wasser und Trübung muss die Konzentration erhöht und die Wirkdauer bis zu 40 min verlängert werden. Allerdings müssen Fläschchen mit Lösungen mitgeführt werden und das Produkt ist wärmeempfindlich bei heißem Wetter. Das Produkt wiegt **70 g** und reicht für ca. 120 l entkeimtes Wasser. Bei 3 l Wasserverbrauch pro Tag pro Person für eine Reise von einem Monat ist dies mehr als ausreichend.

Gemischte Oxidationsmethode (MIOX): Natriumhypochlorid/H_2O_2

Mithilfe von Kochsalz und einer Elektrolysezelle lässt sich *in situ* Natriumhypochlorid und eine geringe Menge Wasserstoffperoxid (H_2O_2) herstellen. Mit dieser Kombination erreicht man ein ähnliches Wirkungsspektrum gegen Keime und Parasiten wie Chlordioxid. Diese Methode wird oft in der öffentlichen Wasserversorgung und in der Katastrophenhilfe eingesetzt. Das Besondere an dieser gemischten Oxidationsmethode ist, dass diese auch bei trübem Wasser eingesetzt werden kann. Die US-Firma Wisconsin Pharmacal Company stellt ein solches kleines mobiles, sehr robustes, bis -5°C einsetzbares und wasserdichtes elektrochemisches Wasserdesinfektionsgerät her (Potable Aqua PURE), mit einem Gewicht von **107 g**, und einer Dimension von 3 x 4.3 x 9.4 cm. Das Gerät hat ein Lithium-Ionen-Akku mit einem USB-Anschluss und integrierte Solarzellen, eine Akkuladung reicht für bis zu 135 l. Ein Reservoir zum Mitführen von Kochsalz (10 g, ausreichend für bis zu 240 l Wasser) ist integriert. Mit einem Dropperfläschchen (35 ml), das mit **5 g** Kochsalz und Wasser gefüllt wird, kann die Elektrolysezelle mit einem Volumen von 2.5 ml befüllt werden. Die Herstellung einer MIOX-Lösung für einen Liter Wasser dauert nur 20 Sekunden. Der Elektrolyseprozess lässt sich für Mengen von 1-20 l einstellen und ist damit auch für die Versorgung von Gruppen interessant. Die MIOX-Lösung erfordert gegen Bakterien und Viren Kontaktzeiten bis 30 min, bei Protozoen bis 4 h.

Potable Aqua Pure in Betrieb, es entweichen Gasbläschen aus der Elektrolysezelle (unterhalb der blauen Abdeckkappe)

FAZIT

Die chemische Desinfektion (Chlor, Iod, Chlordioxid) ist eine einfache Methode und wirksam bei Bakterien und Viren, Giardia spp., Entamoeba histolytica mit relativ langer Entkeimungszeit bei *korrekter* Anwendung. Das Gewicht der Tabletten oder Lösungen ist unerheblich. Problematisch ist die Anwendung bei Trübungen, welche durch Klärungsmethoden beseitigt werden können und die lange Kontaktzeit bei niedriger Außentemperatur. Chlordioxid und die gemischte Oxidationsmethode sind die einzigen Methoden, welche auch wirksam gegen Kryptosporidienoozysten und bei Trübung sind. Andere Verunreinigungen wie z.B. Chemikalien werden bei der chemischen Desinfektion nicht aus dem Wasser entfernt.

Der Chlorgeschmack lässt sich mit dem Produkt Antichlor von Katadyn, welches Natriumthiosulfat enthält, beseitigen, dabei entsteht Kochsalz oder durch die Nachbehandlung mit einem Aktivkohlefilter.

Eine Befragung von Weitwanderern des Pacific Crest Trails und des Appalachian Trails in den USA, welche mindestens 7 Tage oder länger unterwegs waren, ergab Folgendes: Die Verwendung von leichtgewichtigen chemischen Desinfektionsmitteln führte zu erheblich mehr Durchfallerkrankungen als bei Wanderern, welche einen mechanischen Filter benutzten. Dies wurde durch unregelmäßigen Gebrauch, abschreckenden Chlorgeruch oder falsche Anwendung (zu geringe Anwendungsdauer bei Giardia- oder Kryptosporidienanwesenheit) verursacht.

Für Reiseländer mit hohem Risiko, tropischen und subtropischen Gegenden mit geringem Hygiene- und Abwasserstandard empfiehlt es sich, zur Sicherheit chemische Desinfektionsmittel *nur* in Kombination mit mechanischen Filter anzuwenden, da dort zusätzlich potenziell Halogen-resistente Parasitenarten wie z.B. →Cystoisospora belli, →Microsporiden, →Cyclospora Cayetanesis und Helminthen im Rohwasser vorkommen können. Für diese Parasiten liegen zur sicheren Deaktivierung (Konzentrationen und Anwendungsdauer) nur limitierte oder keine Daten vor.

Mechanische Filtration

Mechanische mobile Filter funktionieren durch Pumpen oder Gravitation mit Filtermedien aus Keramik, Glasfaser oder Kunststoffhohlfaser mit jeweils unterschiedlichen Durchflussgeschwindigkeiten (l/min). Die Porenweite der Filtermedien bestimmt die Wirksamkeit der Keimentfernung, bedingt durch die unterschiedlichen Größendimensionen von Bakterien, Protozonen, Viren und Helminthen (vgl. Tabelle Methodenübersicht). Mechanische Filter entfernen auch sehr gut Trübungen (Sedimente) und verändern den Geschmack nicht.

Keramikfilterelemente können wiederholt gereinigt werden durch Abbürsten der Keramikoberfläche, die Filterkapazität ist messbar, trübes Wasser kann gefiltert werden und eingelagertes Silber in der Keramik verhindert ein Bakterienwachstum im Filterelement. Keramikfilterelemente können allerdings zerbrechen oder es bilden sich Risse beim Herunterfallen, sind nicht frostsicher, wenn Wasser im Filterelement gefriert, filtern keine Viren (Porenweite 0.2 µm) und die Filterelemente sind relativ schwer.

Glasfasern bilden innerhalb zweier Stützschichten einen Tiefenfilter mit einer Porenweite von 0.3 µm, darin werden Bakterien und Protozoen mechanisch zurückgehalten. Glasfaserfilter sind leichter im Vergleich zu Keramikfilter, können aber nicht gereinigt werden und haben eine kleinere Filterkapazität.

Hohlfaserfilter bestehen aus Bündeln von Kunststoffröhrchen mit definierten Porenweite ≤ 0.2-0.02 µm und wurden ursprünglich für die medizinische Dialysetechnik entwickelt. Hohlfaserfilter müssen zur Reinigung rückgespült werden. Je nach Typ sind diese frostsicher und leicht. Hohlfasern können beim Herabfallen auch brechen, mit Ausnahme des Hohlfasertyps beim MSR Guardian Filter.

Umkehrosmosefilter haben Nanomembranen und eignen sich für die Entfernung von Mineralsalzen, Nitrat, Schwermetallen, Keimen und zur Salzwasserentsalzung. Diese arbeiten mit dem Druck einer Pumpe bis zu 80 bar bei Salzwasser oder mit einem Haushaltsversorgungswasserdruck bis ca. 6 bar für mineralhaltiges Wasser. Dabei wird das Rohwasser durch ca. 2 nm großen Poren der Nanomembran gepresst, bei der Umwandlung in Reinwasser (ca. 10-20 % des Rohwassers) verbleiben aufkonzentriertes Restwasser auf der Rückseite der synthetischen Membran und muss abgeleitet werden.

Für die Auswahl eines mechanischen Filters sollte man die folgenden Überlegungen machen: Welche Wasserqualität ist zu erwarten? Sind Viren zu entfernen? Wie groß ist die Filterkapazität, ist diese ausreichend für eine Reiseaktivität? Was wiegt der Filter? Wie groß ist das Packvolumen? Ist der Filter robust? Wie lange braucht es um einen Liter Wasser zu filtrieren? Ist der Filter frostsicher? Ist der Filter für Einzelpersonen oder Gruppen gedacht? Die folgende Tabelle zeigt eine Auswahl von kommerziell erhältlichen mechanischen Pumpreisefiltern mit Kenngrößen lt. Herstellerangaben, welche der Autor für Touren und Fernreisen verwendet.

Produktnamen	Filtermaterial/Porenweite	Gewicht/Filterleistung /Kapazität abhängig von der Wasserqualität	Rohwasserqualität/ Keimentfernung
Katadyn Pocket	Keramik, silber imprägniert, 0.2 µm	Handpumpe, **550 g**, ca. 1 l/min, 50.000 l	trübes Wasser, Bakterien, Protozoen
Katadyn Combi	Keramik, silber imprägniert, 0.2 µm	Handpumpe, **580 g**, ca. 1 l/min, 50.000 l	trübes Wasser, Bakterien, Protozoen, Aktivkohle optional
MSR Guardian Wasserentkeimer	Hohlfaser, 0.02 µm	Handpumpe, **490 g**, ca. 2.5 l/min, > 10.000 l	trübes Wasser, Bakterien, Protozoen, Viren

Für längere Trecking- oder Wildnis-Touren und Reiseländer mit geringem Hygiene- und Sanitärstandard mit gegebenenfalls schmutzigem Wasser kommen nach der Erfahrung des Autors nur robuste, unterwegs reparierbare Pumpfilter wie der Katadyn Pocket, der Katadyn Combi oder der MSR Guardian infrage. Mit der Einschränkung, dass die Keramikfilterelemente von Katadyn nicht frostsicher sind, was nur im Winter und ggf. im Herbst/Frühjahr relevant ist und dass bei Virenverdacht mit chemischer Desinfektion oder UV-Licht nachprozessiert werden muss.

v.l.n.r.: Katadyn Combi mit Wasserhahnanschlusskit, Katadyn Pocket, MSR Guardian

Viren heften sich allerdings an Schmutzpartikel und Bakterien und werden dadurch zum *größten Teil* durch mechanische Filter (Porenweite 0.1-0.3 µm) herausfiltriert.

Der MSR Guardian Wasserentkeimer hat ein großes Hohlfaserfilterelement. Er hat eine hohe Filterleistung pro Minute, ist frostsicher, Viren werden herausgefiltert und das Herabfallen des Filters (1.8 m Höhe lt. Hersteller) führt nicht zum Zerstören des Filters. Das Reinigen des Filterelements geschieht durch ständiges Zuführen von Wasser an das Filterelement während des Pumpens. Das Gewicht der mechanischen Pumpfilter ist der robusten Konstruktion und der Filterelemente mit großer Kapazität geschuldet. Pumpfilter mit Schlauchsystem kommen mit Rohwasser wenig in Kontakt, da nur der Schlauch mit Rohwasser kontaminiert wird, was die Wahrscheinlichkeit einer Kreuzkontaminierung mit den Händen, Wasserbehältern und anderen Gegenständen minimiert.

Tipp. Der Katadyn Combi kann auch mit einem Zusatzset direkt an einen Wasserhahn angeschlossen werden, was in Hotels sehr praktisch ist. Der Katadyn Combi kann am Reinwasserauslass direkt an eine Nalgene-Weithalsflasche, Sigg-Flaschen, MSR Dromedar Wassersack oder PET-Flasche und der MSR Guardian an eine Nalgene-Weithalsflasche oder einen MSR Dromedar Wassersack angesetzt werden. Dies vermindert eine weitere Kreuzkontaminierung. Beim Katadyn Pocket und MSR Guardian können am Reinwasserauslass mit einem Schlauch das Platypus Gravity

Works Carbon Element oder der Katadyn Aktivkohle Flaschenadapter angeschlossen werden.

Die nachfolgende Tabelle gibt eine Auswahl von Schwerkraft-, Beutel- oder Hand-Kolben Filtern mit Kenngrößen lt. Herstellerangaben, welche der Autor bei Wanderungen und Alpintouren ausprobiert hat. Dabei hat der Autor unterschiedliche Handhabungserfahrungen gemacht.

Produktnamen	Filtermaterial/Porenweite	Gewicht/Filterleistung /Kapazität abhängig von der Wasserqualität	Rohwasserqualität/ Keimentfernung
Platypus Gravity 2 l Bottlekit	Hohlfaser, 0.2 µm	Beutel, Schwerkraft, **269 g**, 1.75 l/min, 1.500 l	leicht trübes Wasser, Bakterien, Protozoen
MSR TrailShot Micro-Filter	Hohlfaser, 0.2 µm	Handkolbenpumpe, **140 g**, 1 l/min, 2.000 l	leicht trübes Wasser, Bakterien, Protozoen
Katadyn BeeFree 0.6 l	Hohlfaser, 0.1 µm	Quetschbeutel, **59 g**, Durchfluss abhängig vom Benutzer bis 2 l/min, 1.000 l	leicht trübes Wasser, Bakterien, Protozoen
Sawyer Mini 0.5 l Beutel, Rückspülspritze, Schlauchstück	Hohlfaser, 0.1 µm	Quetschbeutel, PET-Flasche, **57 g**, Durchfluss abhängig vom Benutzer, 370. 000 l	trübes Wasser, Bakterien, Protozoen
DrinkPure Filter Faltflasche, Rückspülspritze	Synthetische Membran	Quetschbeutel, PET-Flasche, **150 g**, Durchfluss abhängig vom Benutzer, 1.000 l	trübes Wasser, Bakterien, Protozoen, Viren (> 99 %), Aktivkohle in einem selbst desinfizierenden Gehäuse
Lifestraw Mission 5 l	Hohlfaser, 0.02µm	5 l Sack, Schwerkraft, **430 g**, 9-12/h, 18.000 l	trübes Wasser, Bakterien, Protozoen, Viren

Für Backpacker, Weitwanderungen mit Hüttenaufenthalten, Alpintouren, Tagesausflüge und Camping mit Gruppen mit *klarem oder höchstens leicht trübem Rohwasser* eignen sich nach der Erfahrung des Autors die leichtgewichtigen Hohlfaserfiltersysteme mit geringem Packvolumen und Gewicht.

Der Platypus Gravity Works 2 l Bottle Set ist leicht und kann flexibel für unterschiedliche Beutelgrößen mit großer Einfüllöffnung von 2-4 l Volumen oder Flaschen verwendet werden, ist gut reinigbar ohne Rückspülspritze (Filterelement zudem auseinanderschraubbar und gepolstert zum Schutz beim Fallenlassen), hat eine hohe Durchflussrate und ist daher auch für kleine Gruppen geeignet. Eine Einschränkung ist, dass bei Virenverdacht mit chemischer Desinfektion oder UV- Bestrahlung nachprozessiert werden muss und dass bei Frostgefahr die kleine Filterkartusche am besten bei Körperwärme getragen werden muss. Ein Aktivkohlefilter wie das Platypus Gravity Works Carbon Element oder der Katadyn Aktivkohle Flaschenadapter lässt sich leicht am Reinwasserauslass anschließen. Eine extra Tasche für den Schmutzwasserbeutel sollte man mitführen.

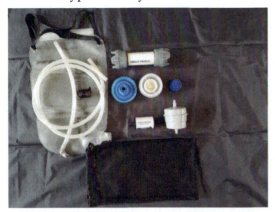

Platypus Gravity Works 2 l Bottle Set, dazu je nach Bedarf der Inlineadapter von Saywer, das Platypus Gravity Works Carbon Element oder der Katadyn Aktivkohle Flaschenadapter

Der MSR TrailShot MicroFilter mit Hohlfaserfiltersystem, „Handkolbenpumpe" und Ansaugschlauch ist auch klein, leicht, gut reinigbar ohne Rückspülspritze und eignet sich für kürzere Wanderungen und Bergtouren für 1-2 Personen, ebenfalls mit der Einschränkung bei Virenverdacht und Frostgefahr. Der Ansaugschlauch ermöglicht auch Wasserquellen zu benutzen, die mit PET-Verschlussbeuteln schwer zu befüllen sind. Größere Wassermengen bereitzustellen können zur Ermüdung der Hand durch die Handkolbenpumpe führen. Beim MSR TrailShot MicroFilter ist es nicht vorgesehen ein Aktivkohleelement anzuschließen, aber man kann das Mundstück abschrauben und mithilfe des PET-Flaschen kompatiblen Inlineadapters von Saywer und einem Schlauch das Platypus Gravity Works Carbon Element oder den Katadyn Aktivkohle Flaschenadapter anschließen.

Der Hauptvorteil der Squeeze Filter Klasse Saywer Mini oder Katadyn BeeFree (0.6 l, 1 l Variante) ist, dass je nach Konstruktion Trinkflasche, Sammelbeutel und Filterelement in einer Einheit enthalten sind. Diese Filter sind für klares oder höchstens leicht trübes Rohwasser und Bequemlichkeit gedacht und sind nach der Erfahrung am besten für Einzelpersonen und für Tagesausflüge, Trailrunning, Mountainbiken oder als Backup-Filter geeignet, mit der Einschränkung bei Virenverdacht und Frostgefahr. Der Saywer Mini muss man mit einer Spritze je nach Verschmutzung oft rückspülen, beim Katadyn BeeFree liegt das Hohlfaserelement in einem Schutzgitter und lässt sich einfach reinigen. Die Beu-

v.l.n.r.: MSR Trailshot, Katadyn BeeFree, Saywer Mini

tel können durch mechanische Beanspruchung des Quetschens nach langem Gebrauch anfällig sein für Leckagen, die Rohwassersammlung mit dem Beutel führt zur Kontamination der Beutelaußenseite und der Hände, sodass das Risiko einer Einnahme von Keimen besteht, wenn während des Trinkvorgangs Rohwassertropfen in den Mund gelangen.

Daher ist es vor dem Trinken wichtig, die Dichtigkeit des Beutels und die Verschraubung zu überprüfen und den Beutel abzuwischen. Wäscht man sich nicht die Hände nach der Rohwasserentnahme und benutzt diese Filter während des Essens, so nimmt man die Keime des Rohwassers auch noch mit dem Essen auf. Der Saywer Mini kann mit PET-Flaschen oder mit Beuteltrinksystemen benutzt werden. Das Katadyn BeeFree Beutelsystem (0.6 l, 1 l und 3 l) ist mit keinem gängigen Schraubgewindesystem kompatibel (Nalgene-Weithalsflasche oder PET-Flasche) und das Filterelement kann nur mit den gelieferten Beuteln benutzt werden. Beim Katadyn BeeFree ist es nicht vorgesehen, ein Aktivkohleelement anzuschließen, man kann aber das Mundstück abschrauben und mithilfe des PET-Flaschen kompatiblen Inlineadapters von Saywer und einem Schlauch das Platypus Gravity Works Carbon Element oder den Katadyn Aktivkohle Flaschenadapter anschließen. Beim Saywer Mini können am Reinwasserauslass ebenfalls mit einem Schlauch das Platypus Gravity Works Carbon Element oder der Katadyn Aktivkohle Flaschenadapter angeschlossen werden.

Der DrinkPurefilter hat die Form einer Scheibe mit 12 cm Durchmesser, auf welchen eine PET-Flasche oder einen Faltbeutel mit PET-Flaschengewinde aufgeschraubt wird. Auf der Scheibe sitzt ein Ventil, um bei zu starkem Druck auf die Flasche eine Beschädigung der Membran zu verhindern. PET-Flaschengewinde sind nicht immer passend, vor allem in Asien. Die Scheibenform des Filtermundstücks vermindert das Risiko einer Einnahme von Keimen durch Tropfen auf der Flasche oder dem Beutel während des Trinkvorgangs. Das Aktivkohleelement ist in den Filter integriert und kann nicht gewechselt werden. Daher ist die maximale Anzahl von Litern immer einzuhalten. Das Filterelement wird mit einer Spritze rückgespült und ist selbstdesinfizierend. Gut ist, dass der Filter frostsicher ist. Harte Stöße und Schläge auf den Filter sollten vermieden werden.

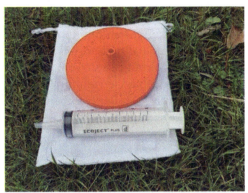

DrinkPure Filter mit Reinigungsspritze

Für Gruppenlager bis zu 10 Personen ist auch der Lifestraw Mission 5 l Schwerkraftfilter mit einem Hohlfaserfiltersystem gut geeignet, er filtert trübes Rohwasser (4 Ersatz-Vorfilter werden mitgeliefert) und zusätzlich Viren heraus, die Durchflussrate mit bis zu 12 l/h ist mäßig, was aber in einem Lager, wo man Zeit hat, nicht so entscheidend ist. Der Reinwasserauslassschlauch ist ungünstig platziert, um Gefäße zu füllen und das Filterelement ist

Lifestraw Mission 5 l

nicht frostsicher. Das Hohlfaserfilterelement ist mit 32 cm Länge recht groß, mit dem Rohwasserbeutel lässt es sich im mitgelieferten Packsack trotzdem gut im Rucksack mitnehmen.

Tipp. Der Saywer Mini oder der DrinkPurefilter lässt sich als Schwerkraftfilter benutzten, indem man PET-Flaschen mithilfe des kompatiblen Inlineadapter von Sawyer und einem Schlauch anschließt.

Faltbeutel mit PET-Gewinde lassen sich nur mühsam mit Rohwasser in einem Gewässer befüllen. Mit einem Trekking-Falttrichter aus dünnem Kunstoffplanenmaterial von der Firma Zölzer, Größe S, 8 x 13 cm, Gewicht **5 g** lassen sich Beutel und Flaschen mit kleinen Öffnungen einfach befüllen. Dies vermindert auch die Gefahr einer Kontamination der Flaschenöffnungen und Gewinde.

Empfehlenswert ist die Mitnahme eines Nadelfilzfilterbeutels oder Siebgewebes, mit welchem trübes oder schmutziges Wasser vorfiltriert werden sollte, um die Lebensdauer der Filter zu erhöhen und um den Anwendungsbereich von Wasserfiltern, welche für leicht trübes Wasser geeignet sind zu erweitern.

Die Firma PuroSmart stellt einen kompakten Umkehrosmosefilter her mit einer Größe von 5 cm x 25 cm, **350 g** und einer Filterleistung von 2 l/h. Dieser lässt sich z.B. auf längeren Städte- und Reiseaufenthalten sowie Geschäftsreisen in Hotels und Apartments direkt an fast jeden Wasserhahn anschließen. Mit dem Zubehör von unterschiedlichen M22-Innen-, M24-Aussengewinde, M28-Adapter oder mit dem PuroSmart Zwei-Wege-Ventil zum Umschalten zwischen Wasserhahn und Filtereinheit gelingt das Anschließen problemlos. Der Katadyn Combi Wasserhahn Zusatzset enthält auch M22-Adapter für Wasserhähne, welche kein Gewinde besitzen und diese passen auch auf das Zwei-Wege-Ventil von PuroSmart. Der Filter hat zusätzlich einen Aktivkohlevorfilter und filtert

Umkehrosmosefilter mit Wasserhahnadapter

zusammen mit der Umkehr-Osmosemembran bis zu 99 % der Gesamtheit aller gelösten anorganischen und organischen Stoffe im Trinkwasser heraus und ist vor allem sinnvoll für städtische Reiseziele im asiatischen Raum, wo die öffentliche Trinkwasserqualität oft schlecht ist. Solche Trinkwasserqualitätsdaten können vor dem Reiseantritt im Internet recherchiert werden.

Reinigung und Integritätstest der Filterelemente

Keramikfilterelemente

Reinigung. Das Filterelement reinigen, wenn sich der Pumpwiderstand erhöht, da sich sonst ein Bypass durch Leckagen bildet und dadurch das Filterelement beschädigt wird, beim Reinigen auch auf Verschmutzung des Trinkwasserauslaufs achten und das Filterelement vor dem Lagern immer trocknen, da ein feuchtes Filterelement innert Tagen im Gehäuse verkeimt.

Integritätstest. Nach dem Fallenlassen die Filterkeramik auf Risse untersuchen.

Hohlfaserfilterelemente

Reinigung. Möglichst nach jeder Wasserreinigung rückspülen, um eine schnelle Verkeimung zu verhindern. Nach mehrtägigem Gebrauch, insbesondere bei warmem Wetter und vor der Lagerung das Filterelement gemäß Herstellerangaben desinfizieren. Das Filterelement immer trocknen, da ein feuchter Filter innert Tagen im Gehäuse verkeimt. Der Saywerfilter lässt sich schwer trocknen, da das Filtergehäuse nicht geöffnet werden kann, das Platypus Gravity Element kann zum Trocknen aufgeschraubt werden. Beim Katadyn BeeFree ist das Filterelement offen zugänglich und trocknet daher besser. Das MSR Guardian Hohlfaserfilterelement darf nicht trocken gelagert werden.

Integritätstest. Das Filterelement sollte vor allem nach dem Fallenlassen auf den Boden gemäß den Instruktionen der Hersteller überprüft werden, da auch Hohlfasern brechen können. Für den Integritätstest wird üblicherweise von der Trinkwasserauslassseite Luft mit dem Mund durch das Filterelement geblasen, dabei muss sich Wasser im Filterelement und auf der Schmutzwasserauslassseite im Schlauch befinden. Steigen Luftblasen im Schmutzwasserschlauch auf, ist der Hohlfaserfilter defekt.

Kreuzkontamination

Schläuche und Beutel, welche mit Rohwasser in Berührung kommen, immer separat verpacken. Die Hände nach der Wasserfilterung mit Seife waschen, um eine Kreuzkontamination mit z.b. Nahrungsmitteln und Geschirr zu verhindern.

FAZIT

Filtern ist eine universale Reinigungsmethode, da je nach Filtermedium mit hoher Filtergeschwindigkeit alle Arten von Keimen, Parasiten und Trübungen entfernt werden und der Geschmack nicht verändert wird. Zuverlässigkeit, große Filteroberfläche und Minimierung der Kreuzkontamination, sowie die zu erwartende Rohwasserqualität auch nach Regenfällen (feine Trübungspartikel verstopfen oft die kleinen, leichten Filter) sollten die wichtigsten Auswahlkriterien sein und *nicht* das Gewicht.

Die Filterkapazität der kleinen leichten Hohlfaserfilter reicht bei einem Verbrauch von ca. 3 l pro Tag und z.b. vier Wochen Gebrauch im Jahr selbst für kleine Gruppen mindestens für 2-3 Betriebsjahre, selbst wenn die angegebene Hersteller-Filterkapazität nicht erreicht wird.

Bei Virenverdacht, vor allem in Reisegebiete mit geringen Hygiene- und Sanitärstandards reduziert sich die Auswahl an Filtern für unterwegs auf den MSR Guardian, den DrinkPure Filter oder den Lifestraw Mission 5 l, wobei letzterer besser für Gruppenlager geeignet ist. Möchte man für denselben Zweck robuste Reisefilter wie Katadyn Pocket oder Combi verwenden, welche keine Viren herausfiltern, so muss man mit chemischer Desinfektion oder UV-Licht nachprozessieren, was umständlicher ist.

Bei Frostgefahr im Winter empfiehlt sich der frostsichere MSR Guardian und der DrinkPure Filter. Allzu leicht vergisst man, nicht frostsichere Filter am Körper oder im Schlafsack aufzubewahren und der Filter ist nicht mehr sicher zu verwenden.

Das Filtergewicht und Volumen der Filtergeräte wurde durch die Einführung der Hohlfasertechnologie in letzten Jahren wesentlich reduziert und die Entfernung von Viren ist möglich geworden. Verunreinigungen wie z.B. Chemikalien können mit Umkehrosmosefilter aus dem Wasser entfernt werden.

UV-Licht

UV-A Licht wirkt effizient gegen Bakterien, Viren und Protozoen und wird u.a. bei der kommerziellen Wasserversorgung großtechnisch zur Desinfektion abgewendet. UV-A Licht (315-380 nm Wellenlänge) reagiert mit der Erbinformation (DNA) und Enzymen der Keime, welche zum Zelltod oder zur Deaktivierung der Keime führt. Die deaktivierten Partikeln verbleiben im entkeimten Wasser. Für alle UV-Methoden muss bei trübem Wasser vorfiltriert werden, da die Strahlungsleistung durch Partikel stark vermindert wird und eine UV-Entkeimung nicht mehr effektiv ist. Daher darf man nur klares oder leicht trübes Rohwasser (< 30 NTU) verwenden.

SteriPEN

SteriPEN Classic Version 1, während der UV-Bestrahlung

Diese mobilen kleinen UV-Lichtentkeimer mit einer UV-A Quarz-Lampe wie z.B. der SteriPEN Classic, Gewicht **178 g** werden mit 4 AA-Typ Batterien oder Akkus betrieben und mit einem 40 µm Vorfilter zur Trübungsreduktion geliefert. Das wasserfeste Gerät wird in ein UV dichtes Gefäß (z.B. Nalgene-Flasche) gehalten und für 0.5 l Wasser 48 Sekunden, respektive 90 Sekunden für 1 l Wasser bestrahlt. Das Gerät bestrahlt nur bei Wasserkontakt. Mit einem Satz Lithiumbatterien kann man bis zu 150 l Wasser entkeimen, mit wiederaufladbaren NiMH Akkus, welche eine geringe Selbstentladung und hohe Entladekapazität bei niedriger Temperatur aufweisen, kann man ca. 100 l Wasser entkeimen. Bei einem Verbrauch von 3 l Wasser/Tag und Person reicht ein Satz Batterien oder Akkus für einen Monat. Beide Energiequellen behalten ihre Leistung bis ca. – 20°C. Alkali-Mangan Batterien sind nicht empfehlenswert, da sie nur bis zu 50 l Wasser entkeimen und bei bereits 10°C maßgeblich an Leistung verlieren.

Vorteilhaft ist, dass Bakterien, Viren, und Protozoen sehr wirksam abgetötet werden (für Helminthen ist das Gerät nicht zertifiziert), der Geschmack unverändert bleibt und die sehr schnelle Entkeimungszeit. Zu Bedenken beim Einsatz dieses Entkeimers auf längeren Touren ist Folgendes: Elektronische Geräte sind potenziell defektanfällig. Je nach Einsatz müssen genügend Batterien oder Akkus mitgeführt werden oder es muss optional mit Solarladern und Stromspeichern zur Stromversorgung gearbeitet werden, insbesondere wenn mehrere Personen mit Trinkwasser versorgt werden sollen. Das Gerät ist sehr robust, aber der Glaskörper der UV-Lampe ist nicht unzerbrechlich beim Herabfallen.

SolarBag

Diese Methode benutzt ein mit Nanotechnologie beschichteter Titandioxidsieb in einem durchsichtigen 3 l Plastikbeutel aus Polyethylen (BPA frei), welcher für ca. 3 h bei wolkenlosem Himmel oder ca. 6 h bei bewölktem Himmel bestrahlt wird. Eine Farbindikatorlösung (ein Tropfen), welche zum verschmutzten Wasser zugegeben werden kann, zeigt durch Korrelation der Entfärbung die notwendige Entkeimungsdauer des Rohwassers an. Trübes Rohwasser kann durch einen mitgelieferten waschbaren Nadelfilzfilterbeutel (Porenweite 100 μm) vor der Beutelbefüllung geklärt werden.

Solarbag mit Indikatorlösung zur Bestimmung der Entkeimungsdauer

Die SolarBag-Methode der Firma Puralytics wird seit vielen Jahren in Entwicklungsländerregionen von Mexiko, Nepal und Tansania eingesetzt. Der Reinigungsprozess basiert auf fünf getrennten photochemischen Prozessen des Titandioxidkatalysators, welche Bakterien, Viren und Protozoen wirksam abtöten, für Helminthen liegen keine Daten vor. Organische Chemikalien wie z.B. Pestizide werden durch die photochemischen Prozesse in Kohlendioxid überführt. Schwermetalle werden ebenfalls vom Titandioxidsieb absorbiert. Die Methode entkeimt 3 l Rohwasser in relativ kurzer Zeit, benötigt kein Pumpen oder Strom, entfernt Chemikalien und Spuren von Schwermetallen und ist leicht, mit einem Gewicht von **110 g**. Der Beutel ist allerdings relativ groß (Dimension 38 cm x 24 cm) und das Titandioxidsieb darf nicht geknickt werden.

SODIS

Diese Wasserdesinfektionsmethode mittels Sonnenlicht und PET-Flasche wurde in den 1980er Jahren an der Universität Beirut entwickelt. Die Eawag, das Wasserforschungsinstitut der Eidgenössischen Technischen Hochschule Zürich ETH Schweiz, entschied sich in den 1990er Jahren dazu, die Idee aufzunehmen und SODIS zu einer einfachen und sicheren Methode weiter zu entwickeln, damit diese in Entwicklungsländern eingesetzt werden kann.

Die im Sonnenlicht enthaltenen UV-A Strahlen töten Bakterien sehr gut ab, Viren, und Parasiten weniger effizient. Die Methode funktioniert auch bei niedrigen Luft- und Wassertemperaturen. Für eine sichere Anwendung sind folgende Parameter wichtig:
- Die PET-Flasche (maximal 3 l Volumen) sollte horizontal an die Sonne gelegt werden.
- Die Wassertiefe darf maximal 10 cm betragen. Bei einer Wassertrübung von grösser als 30 NTU ist die UV-A Strahlung bei einer Wassertiefe von 10 cm auf 50 % reduziert. Bei einer stärkeren Trübung als 30 NTU muss deshalb das Wasser vorfiltriert werden.
- Die Flasche darf nicht zerkratzt sein.
- Empfohlene Bestrahlungszeiten: Im Minimum 6 h bei unbewölktem Himmel, bei Bewölkung werden zwei Tage empfohlen.

Die PET-Flaschenmethode genötigt zur effektiven Desinfektion eine Gesamtstrahlungsdosis von ca. 5670 Watt Sonnenlicht. Auch in Europa beträgt im Sommer die Strahlungsintensität über 1100 W/qm/h, im Winter sind es je nach Monat ca. 550 W/qm/h. Für eine 6 h Desinfektion im Sommer bei wolkenlosem Himmel ist diese Strahlungsleistung ausreichend, im Winter bei wolkenlosem Himmel werden zwei Tage Bestrahlung für eine Desinfektion benötigt. Entsprechende Strahlungskarten für die Berechnung der benötigten Bestrahlungsdauer in Stunden sind im Internet von der NASA für jede Region, Jahres- und Tageszeit der Erde verfügbar.

Die Methode mit Bestrahlungszeiten im Minimum von 6 h funktioniert bei Bakterien mit einer Desinfektionseffizienz der Logreduktion 2-5 und bei Giardia spp. mit einer Logreduktion 2-3 am besten, bei Kryptosporidium spp. ist eine Bestrahlungsdauer von > 10 h für eine Logreduktion 3 erforderlich, bei Viren und Helminthen ist diese gering (Logreduktion von bis 0.5-1), bei Entamoeba histolytica ist sie unwirksam.

Kombiniert man die SODIS-Methode mit Hitze im Minimum von 50°C, Dauer bis zu ca. 3 Stunden (Tabelle Methodenübersicht S. 54), so tritt ein synergistischer Effekt von Sonnenlicht und Temperatur auf, welcher Bakterien, Viren, Protozoen und Helminthen eliminiert. Zur Temperaturerhöhung kann die PET-Flasche z.B. auf eine schwarze Oberfläche gelegt werden. Am einfachsten funktioniert es, wenn die Flasche in Alufolie oder in eine Rettungsdecke gelegt wird, welche die Form einer Wanne hat. Die Temperatur erreicht dabei innerhalb von 2–3 Stunden im Sommer 50°C. Die Temperatur kann auf zwei Arten festgestellt werden: Paraffinkerzenwachs aus Teelichtern schmilzt bei 55°C oder es können reversible Temperaturstreifen verwendet werden.

Ziplock-Polyethylenbeutel mit Temperaturindikator bei 29°C Außentemperatur, Wassertemperatur 50°C nach drei Stunden, 13:00 Uhr, Oberrheinregion

Tipp. Bratfolienbeutel für den Backofen bestehen aus klarem PET-Kunststoff oder transparente Polyethylenbeutel können auch verwendet werden. Die Wassertiefe kann geringgehalten werden (< 5 cm) und man kann eine 2°-3°C höhere Temperatur erreichen als mit PET-Flaschen, was ein Vorteil ist, wenn man den synergistischen Temperatureffekt ausnutzt. Polyethylenbeutel sind zusätzlich UV-B (280-315 nm Wellenlänge) strahlungsdurchlässig und verkürzen die Bestrahlungszeit ohne synergistischen Temperatureffekt auf ca. 2 h für bakterielle Kontaminationen.

Um die Bestrahlungsdosis für die SODIS-Methode besser bestimmen zu können, hat die österreichische Firma Helioz das solarbetriebene, wasserdichte UV-Messgerät „WADI" entwickelt, mit den Dimensionen 10.5 x 4.5 x 5 cm und **100 g** Gewicht. Eine optische Anzeige zeigt den Zeitpunkt an, ab welchem das Wasser desinfiziert ist. Das Gerät erfüllt die Testbedingungen

PET-Flasche mit UV-Messgerät WADI im Betrieb

der WHO und die inter-nationalen Mikrobiologiestandards für Wasseraufbereitung und wird in Entwicklungsländern eingesetzt.

FAZIT

Die elektrische mobile UV-Desinfektion ist empfehlenswert bei Hotelreisen, bei Städtetouren, beim Backpacking und bei Verfügbarkeit von Stromquellen, Batterien oder Akkus.

Der SolarBag ist eine sehr gute und einfache Methode zur Desinfektion von Keimen und Entfernung von Pestiziden in Regionen mit genügend Sonneneinstrahlung. Der Endpunkt der Desinfektion ist bestimmbar und diese Methode ist eine gute Alternative zu leichten Hohlfaserfiltern und chemischer Desinfektion.

Die SODIS-Methode ist einfach und in sehr vielen Regionen anwendbar, die Desinfektion dauert allerdings lange und PET-Flaschen sowie Polyethylenbeutel sind praktisch überall verfügbar. Bei Anwesenheit von Entamoeba histolytica, Viren und Helminthen ist die SODIS-Methode in Kombination von Erwärmen auf Temperaturen von größer als 50°C sicher. Die Anwendungssicherheit wird in Kombination mit einem UV- Messgerät erhöht, vor allem in Regionen mit geringerer Sonneneinstrahlungsenergie.

Verunreinigungen wie z.B. Chemikalien werden nur mit dem SolarBag aus dem Wasser entfernt.

Aktivkohle

Das Hauptanwendungsgebiet von Aktivkohlefilter ist die Entfernung von unpolaren chemischen Verunreinigungen (Substanzen mit geringer Wasserlöslichkeit). Kommerzielle Aktivkohle für die Trinkwasseraufbereitung hat eine Oberfläche von ca. 1500 qm/g und ist zur Reduktion von Pestiziden, den Toxinen der Cyanobakterien, von Schwermetallen (Quecksilber, Kupfer, Blei) und von schlechtem Geschmack von Chlor und Iod sinnvoll einsetzbar und ist *nach* der chemischen Desinfektion, der UV-Methode oder dem mechanischen Filterschritt anzuwenden.

Die Firma Katadyn bietet einen wieder befüllbaren Flaschenadapter für Aktivkohle an, welcher mit Aktivkohlegranulat befüllt wird und maximal 6 Monate verwendet werden soll, mit einem Gewicht von **59 g** und einer Kapazität von 200 l. Die Firma MSR bietet auch ein Aktivkohleelement an, das Platypus Gravity Works Carbon Element, mit einem Gewicht von **30 g** und einer Kapazität von 300 l, welches nicht selbst wieder befüllt werden kann und vor der Langzeitlagerung ausgekocht werden muss, um eine Wiederverkeimung zu vermeiden.

Das maximale Absorptionsvermögen von Aktivkohle ist praktisch nicht zu bestimmen. Eine Überladung der Aktivkohle kann zum Ausschwemmen der →adsorbierten Stoffe führen. Daher ist die maximale Anzahl von Litern immer einzuhalten.

Improvisierte Methode zur Herstellung von Aktivkohle unterwegs. Nichtrauchende Holzkohle aus dem Feuer ablöschen, pulverisieren und z.B. in der Katadyn Flaschenadapterkartusche oder in eine PET-Flasche mit einem kleinen Durchmesser füllen. Vorgehen: Man trennt den Boden der PET-Flasche ab und macht im Schraubdeckel ein kleines Loch (1-2 mm Durchmesser), kleidet den PET-Flaschenauslauf dicht z.B. mit Stoff aus, damit die Holzkohle nicht ausgeschwemmt werden kann, und füllt dann ca. 10 cm hoch die Holzkohle ein. Das Wasser mehrmals durch den Aktivkohlefilter durchlaufen lassen. Nach dem Gebrauch die Holzkohle maximal einen Tag verwenden und besser entsorgen, wegen der Verkeimungsgefahr und der geringen Oberfläche (ca. 150 qm/g).

Salzwasser zur Trinkwassergewinnung

Submarine Karstquelle in Lombok, Indonesien, Wasserschlieren von Süßwasser unter Wasser

Für Touren an Meeresküsten oder Inseln muss entweder Trinkwasser mitgeführt werden oder es muss eine Entsalzungsmethode angewendet werden, wenn in der Umgebung keine Flüsse oder Süßwasserquellen vorhanden sind. Eine Ausnahme sind submarine Süßwasserquellen, welche am Strand oder unter der Meeresoberfläche in unmittelbarer Küstenumgebung Süßwasser ins Meer ergießen. Diese Quellen sind weltweit verbreitet, jedoch leicht zu übersehen.

Solche Quellen werden schon seit Jahrhunderten verwendet, um Süßwasser zu gewinnen, beispielsweise in Italien, Griechenland, Kroatien, Libanon, Tahiti, Indonesien, Australien, Peru und Hawaii (Lit. 17). Aussichtsreiche Orte sind Karstgebiete, vulkanisches Gestein und trockene Fluss- oder Bachläufe, welche am Meer enden und oft unterirdisch Wasser in das Meer ergießen. Indizien sind Wasserschlieren unter Wasser, kaltes Wasser in warmem Meerwasser oder Fische in großer Anzahl, da diese Quellen meist besonders nährstoffreich sind.

> **Hinweis.** Das Trinken von reinem Salzwasser (ca. 1250 mmol/l Osmolatilät) erhöht die Osmolalität im EZM bei Wassermangel weiter und beschleunigt analog zum Urintrinken die Dehydrierung bis zur Exsikkose.

Möglich ist das Strecken von Trinkwasser mit Salzwasser auf eine Konzentration von 0.85 % (**8.5 g/l**), diese Konzentration entspricht dem Durst auslösenden Effekt bei einer Osmolalität von 295 mmol/l im EZM. Wenn die Salzkonzentration bekannt ist, z.B. im Mittelmeer mit einer Salzkonzentration von **35-40 g**/l (ca. 1250 mmol Osmolatilät/l), dann kann man das Salzwasser auf 295 mmol/l verdünnen. Dies lässt sich z.B. mithilfe einer Weithalsflasche mit Volumengraduierung machen (1 l Salzwasser + 3.2 l Süßwasser). Damit lässt sich die verfügbare Wassermenge um ca. 30 % vergrößern.

Destillation als Entsalzungsmethode

Das Destillieren von Meerwasser zur substanziellen Trinkwassergewinnung unterwegs lässt sich mit wenigen Utensilien bewerkstelligen, die sich im Reisegepäck mitführen lassen. Dazu benötigt man beispielsweise eine 0.75 l Edelstahlflasche z.B. von Klean Kanteen, Gewicht **155 g** und Silikonschlauch ca. 1.5 m lang, Innendurchmesser 6 mm,

Einfache und effektive Salzwasserdestille

Gewicht **45 g** und hitzebeständig bis 200 °C. Solche Silikonschläuche werden in der Arzneimittelherstellung und Lebensmittelindustrie verwendet und können im Laborfachhandel im Internet für wenige Euro leicht beschafft werden. Der Schlauchtyp kann auch die mitgelieferten Zuleitungsschläuche der käuflichen Pump- oder Schwerkraftfilter ersetzen, so hat man immer einen temperaturfesten Schlauch für solche Fälle dabei.

Der Stopfen zum Verschließen der Flasche lässt sich aus Holz schnitzen und mit einem Loch zum Durchführen des Schlauchs versehen oder man kauft einen bis 200°C hitzebeständigen Silikonstopfen mit entsprechenden Lochdurchmesser im Laborfachhandel (Kosten ca. 3-5 Euro).

Vorgehen. Falls man Benzin oder Ölspuren in Meereswasser feststellt, lassen sich diese Bestandteile durch Vorerhitzen des Salzwassers für mehrere Minuten bei ca. 60°C entfernen, da sich diese flüchtigen Stoffe sonst im Destillatwasser wiederfinden. Man füllt die Flasche mit ca. 600 ml Salzwasser, gibt ein bis zwei Steinchen hinzu, um Siedeverzüge zu verhindern, da sonst Salzwasser in den Schlauch gelangen kann und sich reines Wasser mit Salzwasser vermischt.

➢ Es ist wichtig, dass der Schlauch gekühlt wird, damit der entstehende Wasserdampf in flüssiges Wasser umgewandelt wird. Dies kann durch das Durchleiten des Schlauchs in einen wassergefüllten Topf geschehen. Das Wasser muss fortlaufend gewechselt werden, wenn es heiß ist.

➢ Alternativ kann der Schlauch fortlaufend durch nasse Tücher oder Kleidungsstücke gekühlt werden.

➢ Eine Destillation ohne Kühlung ist nicht empfehlenswert, da sich der Schlauch schnell erhitzt und nach kurzer Zeit Wasserdampf am Schlauchende austritt, wodurch ein großer Wasserverlust entsteht. Den Schlauch nicht in das Wasser des Auffanggefäßes tauchen, da das Wasser beim Abkühlen durch den entstehenden Unterdruck in die Flasche zurückgesaugt wird.

➢ Das Salzwasser nicht bis zur Trockene in der Flasche verdampfen lassen.

➢ Vor dem nächsten Destillationsprozess Salzwasserreste entfernen und die Flasche gut ausspülen.

➢ Man kann mit dieser Methode problemlos auf einem Holzfeuer innerhalb von 30 min ca. 0.5 l Trinkwasser herstellen.

Brennstoffverbrauch. Der Verbrauch beträgt ca. **1000 g/l** trockenes Holz, welches fast überall zu finden ist. Das Destillieren mit Gas oder Benzinkocher verbraucht pro Liter destilliertem Wasser ca. **250-300 g** Brennstoff.

Improvisierte Methode. Mit zwei PET-Flaschen oder Glasflaschen lässt sich eine einfache Salzwasserdestille aufbauen: Zwei Flaschen werden mit der Flaschenöffnung gegeneinander platziert, die Flaschenöffnungen z.B. mit Gewebeband umwickelt, damit kein Wasserdampf entweichen kann und das Gesamtkonstrukt wird mit einem Rampen-Unterbau in einen Winkel von ca. 30° gelegt. Die untere Flasche sollte zu einem Drittel mit Salzwasser gefüllt werden. Um den Destillationsprozess über mehrere Stunden zu unterstützen, kann man die Salzwasserflasche in eine Aluminiumfolienwanne stellen und optional mit einer schwarzen Folie unterlegen, sowie die Auffangflasche z.B. mit einem nassen Mikrofasertuch kühlen. Wesentlich effizienter ist es, die Salzwasserflasche mit einem kleinen Holzfeuer sachte zu erwärmen, wobei die Flasche mit Sand oder Steinen vor zu großer Erwärmung geschützt werden muss.

Eine Remineralisierung des keimfreien Wassers ist in der Regel nicht nötig, da diese Mineralien in den Nahrungsmitteln vorhanden sind.

Die Destillationsmethode lässt sich auch für sehr stark mineralhaltiges Rohwasser verwenden, erkennbar an starken weißen oder farbigen Salzablagerungen am Ufer von Bächen oder Quellen z.B. in vulkanischen Gegenden oder von manchen Quellen in Wüsten, wo kein pflanzlicher Bewuchs feststellbar ist, keine Kleinlebewesen zu finden sind oder wo man tote Tiere am Wasser auffindet. Dieser sehr hohe Mineraliengehalt im Rohwasser wird durch die Behandlung mit üblichen Wasserfiltern nicht entfernt und das Wasser darf nicht getrunken werden. Nur technische Umkehrosmosefilter oder die Destillation können solche Mineralien entfernen.

Technische Entsalzer mittels Umkehrosmose

Die Firma Katadyn bietet ein solches manuelles Pump-Gerät an, z.B. den Katadyn Survivor 06 für die mobile Trinkwassergewinnung aus Salzwasser. Das Gerät mit einer Geräteabmessung von 20 x 6 x 13 cm und einem Gewicht von **1.13 kg** wurde zur Trinkwassergewinnung in Notfällen auf Meeren entwickelt. Der Salzrückhalt beträgt lt. Herstellerangaben im Durchschnitt 98.4 % bei 0.89 l/h (± 15 %)

7 Notfälle: Naturereignisse, Defekte der Wasserversorgungssysteme

Verschiedene Ursachen können dazu führen, dass die Infrastruktur in Reisegebieten während des Reiseaufenthalts eingeschränkt oder zerstört wird: So zum Beispiel durch Naturereignisse wie Erdbeben, Vulkanausbrüche mit Ascheregen, Wirbelstürme, Überschwemmungen, aber auch durch Stromausfälle, Defekte der Wasserversorgungssysteme oder durch Sabotageakte. Sehr oft wird bei Naturkatastrophen die Trinkwasser- und Abwasserversorgung zerstört. Trinkwasser steht nach sehr kurzer Zeit (oft innerhalb von wenigen Stunden) nicht mehr zu Verfügung, wenn die letzten PET-Wasserflaschen in Supermärkten geplündert oder verkauft sind. Entwicklungsländer -häufig beliebte Reiseziele für Individualreisende- haben oft eine mangelhafte Infrastruktur und sind im Katastrophenfall selten in der Lage, die Wasserversorgung wiederherzustellen.

Das Oberflächenwasser ist bei Naturkatastrophen je nach Örtlichkeit stark verschmutzt mit Fäkalien, ist trübe, kann mit Chemikalien, Abfällen, Öl und Benzin kontaminiert sein. Öl und Benzin lassen sich durch Geruch und schillernde Farbe auf der Wasseroberfläche erkennen. Giftige Chemikalien von z.B. überfluteten Industrieanlagen, Kläranlagen, von Gebäuden und Wohnräumen, in welchen Haushaltschemikalien wie z.B. Reinigungsmittel gelagert werden, lassen sich im Wasser praktisch nicht erkennen.

Vorgehen im Notfall. Das Destillieren des Rohwassers analog zur Salzwasserdestillation ist die sicherste Methode und entfernt praktisch alle Sedimente, Keime und Chemikalien aus dem Rohwasser. Falls man Benzin- oder Ölspuren in Rohwasser feststellt, lassen sich diese Bestandteile durch Vorerhitzen des Rohwassers für mehrere Minuten bei ca. 60°C entfernen, da sich diese flüchtigen Stoffe sonst im Reinwasser wiederfinden.

Falls man nicht die Möglichkeit zur Destillation hat, muss zuerst das Rohwasser in *bestmöglicher* auffindbarer Qualität mit denen im Kapitel „Wasserreinigung" vorgestellten Methoden geklärt werden. Anschließend reinigt man das Rohwasser am besten mit der gemischten Oxidationsmethode, mechanischen Pumpfiltern wie z.B. dem MSR Guardian, den Katadyn Pocket oder den Katadyn Combi in Kombination mit chemischer Desinfektion und anschließend mit einem Aktivkohlefilter, um Chemikalien im Wasser zu reduzieren. Alternativ kann man den SolarBag in Regionen mit entsprechender Sonneneinstrahlung benutzen, wenn kein Filter zu Verfügung steht oder man benutzt notfalls das Abkochen mit anschließender Aktivkohlefilterreinigung.

Zur Reisevorbereitung gehört die Information zu Naturgefahren und Trinkwasserversorgung im Reiseland, welche z.b. die deutschen Botschaften im Reiseland auf den Webseiten publizieren. Diese enthalten oft Weblinks des Reiselandes mit weiteren Informationen zu Naturgefahren und Adressen für solche Notfälle. Auch die hier vorgestellten improvisierten Wasserreinigungsmethoden sollten *vor* der Reise geübt werden.

Technische Hilfswerke oder der Katastrophenschutz – falls im Reiseland vorhanden oder im Falle ausländischer Hilfe - brauchen je nach Situation 3-7 Tage oder länger, um eine Notfallbasisversorgung abhängig von der Zugänglichkeit und dem Schadenausmaß des Gebietes zu installieren.

Bei einer Vorwarnung eines Ereignisses (Stürme, Überschwemmungen), welche ca. 60 % der Naturkatastrophen darstellen, kann ein Wasservorrat unter Berücksichtigung der Klimazone (siehe Kapitel 2 „Wasserbedarf") abgeschätzt und in PET-Flaschen, Kanistern oder mitgeführten Wasserbeuteln für ca. eine Woche pro Person zugelegt werden. Weitere brauchbare Behälter in Hotels und Ferienressorts sind die Badewanne, das Waschbecken und der Wasserspülkasten der Toilette. Regenwasser kann mit Planen, Rettungsdecken oder einem Poncho aufgefangen werden.

8 Wassertransport

Transportbehältnisse für Unterwegs gibt es ungezählte, praktische Erwägungen und Erfahrungen des Autors sind folgende:

Faltbare Transportbehälter

Faltflaschen werden meist aus Polyethylenlaminat hergestellt, mit typischen Volumen von 1-3 l und Gewicht von ca. **30-40 g**, sind leer leicht zu transportieren, nehmen im Rucksack kaum Platz ein und passen sich dem jeweiligen Wasservolumen an. Für den Dauergebrauch sie allerdings weniger geeignet, da durch wiederholte Faltungen Knickstellen entstehen und die Beutel undicht werden. Sehr gut geeignet sind beispielsweise die BPA freien Platy Bottle von der Firma Platypus mit 2 l Volumen, **40 g**, die Platypus SoftBottle mit 0.5 l oder 1 l Volumen, ca. **40 g** oder die BPA freien Evernew Beutel von der japanischen Firma Evernew, erhältlich in den Volumen 0.6 l **(26 g)**, 0.9 l **(28 g)** oder 2 l, **(42 g)**, welche zudem bis 90°C hitzestabil sind und einen unverlierbaren antibakteriellen Trinkschraubverschluss haben.

Tipp. Die Platypus SoftBottle und Evernew Beutel bestehen aus transparentem Polyethylen und können auch für die SODIS-Methode verwendet werden.

Wasserbeutel aus Cordura-Gewebelaminat aus lebensmittelechtem Polyurethan und guter unverlierbarer Trinkschraubverschlusskonstruktion wie z.B. der BPA freie MSR Dromedar Wassersack von 4-10 Liter Volumen und geringem Gewicht (**200 g** bei 4 l Volumen) sind wesentlich robuster, bis 100°C hitzestabil, für den Dauergebrauch geeignet und platzen auch nicht beim Herunterfallen. Wasserbehälter sollten alle paar Wochen mit chemischen Wasserdesinfektionsmitteln oder mit Gebissreinigungstabletten behandelt werden, um den typischen Modergeruch und Geschmack, verursacht durch Verunreinigungen

v.l.n.r.: Evernew Beutel 0.9 l, Platy Beutel 1 l; MSR Dromedar Wassersack 4 l

und Bakterien an schwer zugänglichen Stellen des Beutels, zu entfernen. Die leeren Wasserbeutel sollten auch immer gut getrocknet aufbewahrt werden, um Schimmelbildung und bakterielles Wachstum zu verhindern.

Starre Transportbehälter

Hervorragend geeignet sind die sehr robusten bis 100°C hitzestabilen Weithalsflaschen aus BPA freiem Polycarbonat in unterschiedlichen Größen von z.B. Nalgene mit z. B. 1 l Volumen, gutem unverlierbarem Deckel und **180 g** Gewicht. Empfehlenswert sind auch Edelstahlflaschen von z.B. Klean Kanteen mit 0.75 l Volumen und relativ geringem Gewicht **(155 g),** welche auch zur Destillation geeignet sind und eine große Flaschenöffnung haben. Aluminiumflaschen mit Kunststoffbeschichtung sind weniger robust und können über dem Feuer nicht erhitzt werden. PET-Flaschen (1.5 l, **48 g**) eignen sich auch zum Transport und halten bei Dauergebrauch ca. 3 Monate.

v.l.n.r.: Nalgene Flasche 1 l, Klean Kanteen Edelstahlflasche 0.75 l

Tipp. Nalgene-Weithalsflaschen (Farbe Klar) aus Polycarbonat können auch für die SODIS-Methode verwendet werden. Die Bestrahlungsdauer ist mit 8 h etwas länger als mit der PET-Flaschenmethode.

Improvisierte Transportbehälter

Schilf- oder Bambusrohre in Bünden zusammengeschürt, selbst hergestellte Rindenbehälter, wasserdichte Packbeutel, Zip-Lock Beutel, Gefrierbeutel, Tarps, Zeltbahnen und Ponchos sind stabil und eignen sich gut als Behelfstransportbeutel, dünne Polyethylenbeutel und Rettungsdecken müssen z.B. in einem verknoteten T-Shirt als Transportschutz aufbewahrt werden.

Wiederverkeimung

Desinfiziertes Wasser kann je nach angewandtem Reinigungsprozess eine geringe Anzahl an Restbakterien enthalten und Wasserflaschen zum Transport enthalten durch den normalen täglichen Gebrauch ebenfalls Bakterien. Die am Anfang vorhandene Bakterienanzahl verdoppelt sich dabei in der Regel alle 20-30 min bei 15°-40°C. Eine wissenschaftliche Untersuchung von Wasserflaschen- und Trinkbeutelbenutzern mit Trinkwasser im Sommer ergab, dass ca. 10 h nach Befüllen der Flaschen sich zwischen 26 und 50 coliforme Bakterien/100 ml im Wasser befanden. Daher sollte man das Wasser besser bis zum Tagesende aufbrauchen und am nächsten Tag neu befüllen. Wasser, welches mit chemischer Desinfektion (5 mg/l, Natriumhypochlorid) behandelt wird, hat einen Resthalogengehalt (ausgenommen Chlordioxid behandeltes Wasser). Dies verhindert eine Wiederverkeimung von bis zu 12 Monaten in Aufbewahrungsbehältern.

Bei den Methoden des Abkochens und der UV-Desinfektion kann eine Wiederverkeimung einsetzen, da organisches Material aus der Trübung und abgestorbene Zellen als Nährstoff für die verbliebenen Keime dienen. Daher sollte dieses Wasser in der Regel innerhalb von 24 Stunden bei warmem Wetter konsumiert werden. Die Wiederverkeimung kann verhindert werden, indem man zuerst das Wasser tagsüber bei einer Temperatur von 20°-30°C lagert, damit eventuell vorhandene Restkeime und ruhende Keimstadien die im Wasser vorhandenen Nährstoffe aufbrauchen und dann diese Keime am Abend durch kurzes Erhitzen oder UV-Desinfektion eliminiert. Diese Prozedur wiederholt man an 2-3 aneinander folgenden Tagen. Anschließend füllt man das Wasser in ausgekochte oder mit chemischen Desinfektionsmitteln gereinigte Transportgefäße, verschließt diese dicht und bewahrt diese kühl und im Schatten auf. Damit kann man Wasser wochenlang aufbewahren. Alternativ kann man Micropur Classic mit Silbersalz von Katadyn dem Wasser zugeben, welches das Wasser bis zu 6 Monate frei von Keimen, Algen und Gerüchen hält, wobei die Dosierung genau eingehalten werden muss.

9 Reisehygiene

Risikoeinschätzung für Reiserisikogebiete basierend auf epidemiologischen Infektionsdaten

Basierend auf epidemiologischen Daten können drei Risikogruppen für Länder definiert werden, welche praktisch mit der Qualität der Sanitär- und Wasserversorgungsinfrastruktur, der Qualität der Lebensmittelzubereitung und der Hygienekultur korrelieren.

Geringes Risiko, < 4 % für Diarrhö: USA, Kanada, Australien, Neuseeland, Japan, Nord- und Westeuropa, Südeuropa. Infektionen werden meist durch Naturereignisse wie Überschwemmungen, Defekte oder Pannen der Wasserversorgungssysteme verursacht, durch kontaminiertes Wasser bei Wildnis-Touren, beim Baden und Wassersport.

Mittlers Risiko, 8–15 % für Diarrhö: Osteuropa, Russland, China, Südafrika, karibische Staaten, Chile, Argentinien.

Hohes Risiko, 40 % oder mehr für Diarrhö: Afrika (ausgenommen Südafrika), Mittleren Osten, Süd- und Südostasien, Mexiko, Zentral- und Südamerika.

Ca. 80 % aller Infektionen werden durch Bakterien verursacht (enteropathogenen Ecoli Stämme, Clampylobacter, Shigella, Salmonella), Virusinfektion verursachen in Asien ca. 1-8 % der Infektionen, in Lateinamerika ca. 0-6 % der Infektionen, insbesondere in Afrika bis zu 36 % der Infektionen. Protozoeninfektionen verursachen in Asien ca. 12 % der Infektionen (sehr häufig Entamoeba histolytica, Giardia lambia), in Lateinamerika ca. 1-2 % der Infektionen und in Afrika ca. 10 % der Infektionen (häufig Entamoeba histolytica).

Fäkal-orale Infektionsrouten

Keime werden vornehmlich durch die fäkal-orale Route übertragen, welche durch verschmutztes Wasser, Essen und verschmutzte Hände in den Magen-Darm-Trakt gelangen. Das folgende Diagramm verdeutlicht die Infektionsrouten *indiziert durch Pfeile* und die Wege zur Unterbrechung der Infektionsrouten *indiziert durch fett gedruckte Kreise*. Untersuchungen der WHO haben gezeigt, dass kontaminiertes Wasser zu ca. 40 % und fehlendes Händewaschen zu ca. 30-50 % für die Gesamtzahl der Infektionen verantwortlich sind.

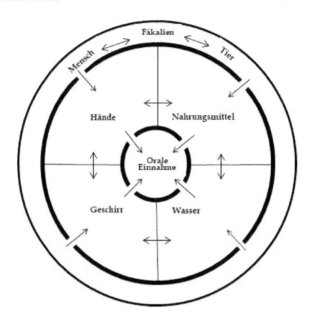

Fäkal-orale Infektionsrouten und deren Unterbrechungsmöglichkeiten

Fünf einfache Hygiene-Regeln für unterwegs

1: Wichtigste Regel: Hände waschen

Auf Reisen werden oft einfache Hygienemaßnahmen wie das Händewaschen „über Bord geworfen". In Zügen, Busreisen, auf Flughäfen, in Wartehallen werden Lebensmittel oft ohne Besteck gegessen und nach dem Toilettenbesuch werden oftmals die Hände nicht gewaschen.

Auf Treckingtouren lässt sich oft dasselbe Verhalten beobachten, was zu ähnlich hohen Diarrhö-Infektionen führt wie in Reiseländern mit hohem Risiko. Untersuchungen von Pacific Crest Trail- und Appalachian Trail-Weitwanderer zeigen, dass Hygienemaßnahmen wie Händewaschen mit Seife nach dem Toilettengang und Waschen von Kochutensilien sehr moderat ausgeprägt sind (ca. 50 % aller Wanderer). In einer anderen Untersuchung wurde bei 30 % aller Wanderern Fäkalkeime an den Händen nach der Tour festgestellt. In Afrika waschen sich nur 14 % und in Südostasien 17 % der Menschen die Hände nach dem Toilettengang, in USA ca. 49 %, in Europa je nach Region ca. 44 %. Zusammen mit niedrigen Sanitärstandards ergibt sich daher ein hohes Infektionsrisiko, wenn man sich die Hände nicht wäscht:

Über unzureichend gereinigte Hände können Krankheitserreger auf Lebensmittel übertragen werden. Hände sollten deshalb gründlich gewaschen und sorgfältig abgetrocknet werden.

Nach jedem Toilettenbesuch, vor dem Essen, nach dem Kontakt mit Abfällen, nach dem Niesen oder Naseputzen, nach dem Kontakt mit Tieren oder deren Fressgefäße die Hände waschen.

Was ist beim Händewaschen zu beachten?

Das übliche Händewaschen mit Wasser und Seife dauert ca. 15 Sekunden, wobei oft nicht die gesamte Handoberfläche gereinigt wird. Dabei reduziert sich die Anzahl der Keime um ca. 92 %, verwendet man ausschließlich Wasser, reduziert sich die Anzahl der Keime um ca. 48 % auf den Händen. Alkoholbasierte Handdesinfektionsmittel eignen sich auch sehr gut, diese sind auch effektiv bei mit Erde verschmutzten Händen. Allerdings ist alkoholbasiertes Handdesinfektionsmittel gegen Kryptosporidienoozysten wirkungslos.

Die korrekte Prozedur für die Händereinigung dauert ca. 45 Sekunden und reduziert maßgeblich die Anzahl der Keime bis um den Faktor 1000 (Logreduktion 3), anstelle der 90-92 % (Logreduktion 0.9) und damit auch das Infektionsrisiko vor allem in Reisegebieten mit geringer Hygienekultur.

Hygienisches Händewaschen

Typische Hautflächen, welche bei schneller Handreinigung vernachlässigt werden

1. Schritt: Die Seife oder das Desinfektionsgel auch auf die Fingerzwischenräume, die Fingerkuppen und die Nagelfalze verteilen.
2. Schritt: Mehrmals Handflächen auf Handflächen reiben, mindestens 5 Sekunden.
3. Schritt: Mehrmals die Handfläche über dem Handrücken der jeweils anderen Hand mit gespreizten Fingern reiben, mindestens 5 Sekunden.
4. Schritt: Mehrmals die Handflächen aneinander reiben, mit verschränkten gespreizten Fingern, mindestens 5 Sekunden.
5. Schritt: Mehrmals die Aussenseite der Finger in der Handfläche der jeweils anderen Hand reiben, mindestens 5 Sekunden.
6. Schritt: Mehrmals kreisendes Reiben des jeweils anderen Daumens in der geballten Faust, mindestens 5 Sekunden.
7. Schritt: Mehrmals kreisendes Reiben der Fingerkuppen in der Handfläche der jeweils anderen Hand, mindestens 5 Sekunden.

Improvisierter Seifenersatz. Statt Seife kann man auch mit aufgeschlämmter Holzasche die Hände reinigen. Einige Pflanzenarten enthalten Saponine, welche seifenartige Eigenschaften besitzen und sich als Waschmittel eignen, ohne Hautreizungen hervorzurufen. Geeignet sind die Früchte und Blätter von Rosskastanien (*Aesculus*) aus der Familie der Seifenbaumgewächse, welche in Nordamerika, Europa, und Eurasien

links: Waschnuss   rechts: Rosskastanie

vorkommen und die Blätter von Birken (*Betulacea*), welche in Europa, in Nordamerika und in Asien vorkommen. Auch sehr gut geeignet sind die Nussschalen des Waschnussbaums (*Sapindus saponaria*), welcher in tropischen und subtropischen Regionen Asiens vorkommt, sowie die Blätter (April bis Oktober) und Wurzeln (ganzjährig) des Gewöhnlichen Seifenkrauts (*Saponaria officinalis*), welches in den gemäßigten Zonen von Süd- und Nordamerika, Australien, Neuseeland, Europas, Sibirien, und Asien weitverbreitet ist. Die Samen und Blätter des Moringabaumes (*Moringa oleifera* oder *Moringa stenopetala*) können ebenfalls als Seifenersatz verwendet werden.

Seifenbildung nach 15 min

Die Früchte, Schalen, Wurzeln oder Blätter, welche bis zu 15 % Saponine enthalten, werden kleingeschnitten und mehrere Minuten im Wasser zerstossen oder 3-4 h im Wasser belassen. Nach kurzer Zeit wird das Wasser milchig weiß und schäumt. Diese Lösung kann zum Waschen benutzt werden.

2: Rohes und Gekochtes trennen

„Reine" und „unreine" Arbeitsprozesse trennen: Beim Umgang mit rohen Fleisch, Obst und Gemüse und gegarten Lebensmitteln nie dieselben Küchenutensilien (Schneidebrett, Teller, Messer) verwenden, wenn diese nicht beim jeweiligen Arbeitsprozess ausreichend gereinigt werden. Die Hände nach Kontakt mit rohen Lebensmitteln sofort gründlich waschen. Rohe und erhitzte Lebensmittel durch Abdecken schützen.

Zubereitete Nahrungsmittel mit Besteck essen. Unterwegs kann man z.B. Titanbesteck benutzen, z.B. den Light my Fire Titan Spork, **17 g**, den Snow Peak Spork, **16 g** oder eine Titanlöffel/Gabel-Kombination, ca. **30 g**. Solches Titanbesteck ist sehr leicht, stabil, langlebig, klein verpackbar und lässt sich unterwegs überall mitnehmen. Alternativ lässt sich Besteck auch aus ungiftigem Holz schnitzen. Teller aus Titan z.B. von der Firma Snow Peak mit 19 cm Durchmesser, **62 g** sind auch langlebig und können auch notfalls zum Braten benutzt werden. Es empfiehlt sich auch, zwei faltbare Waschschüsseln (10 l Volumen, Dimension verpackt 2 cm x 10 cm, z.B. von der Firma Sea to Summit) zum Reinigen von Geschirr mitnehmen, wobei das Gewicht mit **50 g** pro Schüssel nicht relevant ist. Eine Schüssel wird zum Vorspülen benutzt, die zweite zum Hauptspülen.

3: Essen ausreichend erhitzen

Lebensmittel (Fleisch, Fisch, und Eier) genügend erhitzen (10 min bei 70 °C, beim Aufschneiden darf kein rohes Fleisch sichtbar sein.

4: Essen bei einer sicheren Temperatur aufbewahren

Gekochtes Essen nicht länger als zwei Stunden bei Raumtemperatur aufbewahren oder unter 5°C lagern.

Lagerung von Lebensmittel bei Touren draußen: Staub- und insektendichte Behälter und Lebensmittel mitführen, welche sich auch bei Raumtemperatur lagern lassen.

5: Trinkwasser und sichere Essenszubereitung

Das Waschen von Gemüse, welches mit z.b. mit Protozoenoozysten durch verunreinigtes Wasser, oder Düngung mit Fäkalien kontaminiert ist, entfernt die Oocycsten zu ca. 36 %. Daher nur gekochtes Gemüse essen, wenn solche Düngepraktiken oder verunreinigtes Wasser zum Gemüsewaschen verwendet werden. Früchte mit „natürlicher Verpackung" wie Nüsse, Bananen, Zitrusfrüchte, Ananas, Papaya, Mangos etc. bevorzugen.

Ein mechanischer Wasserfilter oder eine UV-Desinfektionmethode gehört ins Reisegepäck. Trinkwasser aus dem Wasserhahn in Reisegebiete mit hohem Risiko in Hotels, Hostels, etc. *immer* desinfizieren vor dem Trinken oder wenn man es für das Zähneputzen, zur Medikamenteneinnahme oder für die Kontaktlinsenreinigung verwendet, mit der Ausnahme von heißem Leitungswasser über 55°C (siehe Abschnitt Abkochen von Rohwasser). Eiswürfel aus unsicheren Trinkwasserquellen vermeiden.

Abgefüllte, vor Ort käufliche Wasser PET-Flaschen sind oft schwierig auf Integrität zu untersuchen: Ist die Wasserflasche in Eigenproduktion mit mikrobiologisch einwandfreiem Wasser abgefüllt worden oder ist eine PET-Wasserflasche von internationalen bekannten Wassermarken einfach mit Wasser gefüllt und einem neuen Verschluss versehen worden? Bevorzugt werden sollte Wasser aus PET-Flaschen, welches Kohlensäure enthält, da sich Bakterien im sauren Milieu weniger schnell vermehren. Vor dem Trinken ist das Wasser z.B. mit dem UV-Entkeimer SteriPEN zu entkeimen.

Die Mitnahme von Faltflaschen und die Anwendung von geeigneten Desinfektionsmethoden vermindert den PET-Wasserflaschen Verbrauch drastisch und erhöht die Sicherheit.

Ob die Essenszubereitung auf Reisen in Risikoländer hygienisch zubereitet wird, ist meist unmöglich festzustellen, im Gegensatz zu Wildnis-Touren, wo man durch mitgebrachte sichere Lebensmittel und das Selbstkochen eine volle Kontrolle über den Hygieneprozess hat.

Eine Studie mit Schweizer Reisenden, welche man vor der Reise in Risikoländer mit Hygieneregeln instruiert hat, ergab, dass sich nur 2 % an einfachste Grundregeln hielten, beginnend vom Tag zwei oder drei an. Auch erstklassige Hotels, Ressorts und Bed-and-Breakfast Unterkünfte in solchen Ländern bieten nicht immer die Garantie, dass das Küchenpersonal Hygienestandards einhält. Ein Blick in die Küche ist oft hilfreich und wird dies verwehrt, ist meistens etwas nicht in Ordnung.

Das größte Risiko geht der Reisende beim Essen von *Straßenküchen* aus. Ein einfacher Qualitätscheck vor dem Kauf des Essens bei solchen Straßenküchen ist einfach zu machen, da man ja fast immer bei der Essenszubereitung zuschauen kann:

- ✓ Trägt das Kochpersonal einen Haarschutz (Kappe etc.), raucht das Personal, werden gekochte Lebensmittel mit Fingern anfasst, hantiert es mit Lebensmitteln, wenn man Symptome einer Krankheit sieht? Beispiele sind Hautverletzungen, Husten, usw..
- ✓ Ist das Essen vor Insekten oder Staub geschützt?
- ✓ Ist der Verkaufsstand in der Nähe von Müll, Toiletten, Abwasserkanälen oder Tieren?
- ✓ Sieht man Handwaschmöglichkeiten?

Einfache Merkregel zur Vermeidung der fäkal-oralen Infektionsrouten
- ⬇ Saubere Hände
- ⬇ Sauberes Trinkwasser
- ⬇ Sichere Lebensmittel
- ⬇ Sichere Kochtemperatur
- ⬇ Sichere Trennung von gekochten und rohen Lebensmitteln

Fäkalientsorgung in der Natur

Die fachgerechte Entsorgung von Fäkalien in der Natur ist eine ultimative Verantwortung für Reisende, um eine Verschmutzung von Oberflächenwasser und Übernachtungsplätzen durch menschliche Abfälle zu vermeiden.

Das oberflächliche Liegenlassen von Fäkalien verbreitet die Keime durch Wind oder Regenwasser mehr als 100 Meter im Umkreis oder Tiere verschleppen die Keime. Die UV-Strahlung und natürliche Zersetzung zerstört zwar ein Großteil der Keime meist innerhalb eines Monats, aber Keime können je nach Typ bis zu einem Jahr überleben und so in das Oberflächenwasser eingetragen werden. Daher sollten Fäkalien mindestens 100 Meter vom Wasser entfernt und 30 cm tief vergraben werden. Die Zersetzung wird durch Einmischen von etwas Erde vor dem Vergraben beschleunigt.

Reisegruppen grösser als drei Personen sollten eine gemeinsame Latrine bauen, um die Gefahr einer Verteilung der Verschmutzung zu minimieren.

10 Reisekit Wasserdesinfektion

Notfallkit Wasserreinigung

Katadyn Micropur Forte MF 1T Tabletten; 10 Stück, **1 g**, 3 x transparente Polyethylen Beutel, ca. **1.8 g** / Stück, 3 l Volumen; 2 x Temperaturstreifen, 50°-90 °C, Dimension ca. 42 x 7 mm, ca. **0.1 g**; Feuerstahl zum Feuermachen, **2.3 g**; Filtersieb PES, 1 μm Porenweite, 25 x 25 cm, **5 g**; Flüssigseife in einem 3 ml Dropperfläschchen, **6 g**. Optional: Alufolie, Backofenstärke 20 cm x 20 cm, **12 g** und Alaunstift **6 g**. Gesamtgewicht minimal ca. **18 g**, maximal ca. **36 g**.

Mit dem Filtersieb oder Alaun lässt sich bei Bedarf Rohwasser vorreinigen, um die chemische Desinfektion oder die SODIS-Methode anzuwenden. Zum Abkochen kann man Alufolie zu einem Gefäß formen oder eine Alufolienwanne zur Temperaturerhöhung zur sicheren Entfernung von Keimen bei der SODIS-Methode bauen. Mit dem Feuerstahl lassen sich unter nahezu allen Wetterbedingungen Funken zum Feuermachen erzeugen, nicht nur zum Abkochen von Wasser, auch zur Nahrungsmittelzubereitung und zur Vermeidung von Hypothermie.

Wasserreinigungskit im Ziplockbeutel 13 x 15 cm

Die Temperaturstreifen eignen sich sehr einfach zum Feststellen der Minimaltemperatur beim Abkochen oder bei der SODIS-Methode. Polyethylenbeutel und Ziplockbeutel können für den Wassertransport und für die SODIS-Methode verwendet werden. Dieses Kit kann immer im Rucksack, Reisegepäck, in einer Jacken- oder Hosentasche mitgeführt werden. Alle Improvisationstechniken sollten auch geübt werden, damit man diese im Notfall auch anwenden kann.

Sinnvolle mobile Wasserreinigungsmethoden je nach Reisetyp
Tagestouren, Alpintouren. Katadyn BeeFree, MSR Trailshot oder TrinkPurefilter, Micropur Forte MF 1T Tabletten.
Fernwanderungen mit Hüttenaufenthalten, längere Alpintouren. Titantasse 650 ml, ca. **80 g,** Platypus Gravity 2 l Bottlekit, MSR Trailshot, TrinkPurefilter oder McNett-Aquaventure A+B Wasserdesinfektion, Nadelfilzfilterbeutel oder Siebgewebe PES, 1 µm Porenweite ca. **20-30 g** je nach Größe.
Treckingtouren, Wildnis-Touren. Titantasse 650 ml, ca. **80 g,** Katadyn Pocket, Katadyn Combi oder MSR Guardian Wasserentkeimer und McNett-Aquaventure A+B Wasserdesinfektion, Nadelfilzfilterbeutel oder Siebgewebe PES, 1 µm Porenweite ca. **20-30 g** je nach Größe.
Backpacker. Titantasse 650 ml, ca. **80 g,** Platypus Gravity 2 l Bottlekit, TrinkPurefilter oder SteriPEN und McNett-Aquaventure A+B Wasserdesinfektion, Nadelfilzfilterbeutel oder Siebgewebe PES, 1 µm Porenweite ca. **20-30 g** je nach Größe, ev. Aktivkohlefilter.
Hotelaufenthalt, Städtereisen. SteriPEN und Katadyn Micropur Forte MF 1T Tabletten.
Reisen in Länder mit niedrigem Hygiene- und Sanitärstandard. Titantasse 650 ml, ca. **80 g,** MSR Guardian Wasserentkeimer oder Katadyn Combi und McNett-Aquaventure A+B Wasserdesinfektion, Nadelfilzfilterbeutel oder Siebgewebe PES, 1 µm Porenweite ca. **20-30 g** je nach Größe, Aktivkohlefilter.
Auf allen Reisen oder Outdoor-Aktivitäten sollten Faltflaschen oder Wasserbeutel als Wassertransportmöglichkeit und zur Vermeidung von PET-Flaschenabfall mitgeführt werden.

Seife und Desinfektionsgel

Sehr gute Seifen aus der Erfahrung des Autors gibt es von der Firma Sea to Summit z.B. die Wilderness Wash Flüssigseife 40 ml, welche sich auch zum Duschen und Haarwäschen eignet oder von der Firma Dr. Bronner`s die Dr. Bronner`s All-ONE Flüssigseife 59 ml, welche sich zum Duschen, Haare waschen und auch Zähneputzen eignet. Es genügen wenige Tropfen Seife zur Reinigung. Alkoholbasiertes Desinfektionsgel in 25-100 ml Größe gibt es von unterschiedlichen Anbietern, allerdings ist dieses unwirksam gegen Kryptosporidienoozysten.

11 Glossar

Adaptive Immunabwehr: Die Zellen der angeborenen Immunabwehr (Makrophagen, Dentritische Zellen, B-Lymphozyten, T-Zellen und Natürliche Killerzellen) sind in der Lage, spezifische Strukturen von z.B. von Viren oder Bakterien zu erkennen, ohne vorher mit dem Krankheitserreger selbst in Kontakt gewesen zu sein. Diese Zellen bilden die erste Abwehr gegen Krankheitserreger und induzieren die Produktion von Antikörpern.

Adsorption: Chemisches Anhaften von Stoffen an Oberflächen.

Aggregate: Zusammenschluss von Teilchen.

Arides Klima: Keine regelmäßigen Niederschläge.

CDC: Centers for Disease Control and Prevention sind eine US-Bundesbehörde des amerikanischen Gesundheitsministeriums.

CFU: Der Nachweis des Darmbakteriums Escherichia coli (E. coli) zeigt eine Kontamination des Wassers mit Fäkalien an. Daher benutzt man Escherichia coli als Indikatorkeim. Die Gattungen Escherichia coli, Klebsiella, Citrobacter und Enterobacter gehören zu coliformen Bakterien und dürfen in einer 100 ml Trinkwasserprobe gemessen als CFU/100 ml nicht nachweisbar sein.

Cystoisospora belli: Protozoen welche in Südamerika, Afrika und Asien vorkommen und Diarrhöe verursachen.

Cyclospora Cayetanesis: Protozoen welche in Nepal, Guatemala, Haiti und Peru vorkommen und Diarrhöe verursachen.

Desinfektion: Die Desinfektion bezeichnet man Verfahren zur Entfernen von Keimen, um dadurch ihre Anzahl deutlich zu reduzieren, sodass die Restkeime im Trinkwasser eine Infektion nur mit einer sehr geringen statistischen Wahrscheinlichkeit auslösen könnten.

Eutrophie: Anreicherung von Nährstoffen in einem Ökosystem.

Exsikkose: Austrocknung des Körpers beim Verdursten.

Großer Leberegel (Fasciola spp.): Der Große Leberegel ist ein Saugwurm von bis zu 3 cm Länge, welcher in Rindern, Schafen, Schweinen, Hunden und Menschen vorkommt, weltweit, aber gehäuft in Südfrankreich, England und Nordafrika, Mittel- und Südamerika. Die Larven setzten sich auf Wasserpflanzen fest und können über den Verzehr der befallenen Wasserpflanzen in den Körper aufgenommen werden, wo er zur Leber und Gallengänge wandert.

Guineawurm (Dracunculus medinensis): Der Guineawurm kommt bei Menschen und Säugetieren (Hund) vor und ist in Feuchtgebieten Afrikas, Pakistan und Indien verbreitet. Als Zwischenwirte wirken Ruderfußkrebse. Der Mensch nimmt die von Wurmlarven befallenen winzigen Krebse mit kontaminiertem Trinkwasser auf. Das Wurmweibchen kann bis über einen Meter lang werden und wandert durch das Gewebe zu den Extremitäten, meist zu den Unterschenkeln oder Füßen. Dort siedelt es sich im Bindegewebe der Unterhaut an und kann extreme Schmerzen verursachen.

Inkubationszeit: Die Inkubationszeit beschreibt die Zeit, die zwischen Infektion mit einem Krankheitserreger und dem Auftreten der ersten Symptome vergeht.

Keime: Bezeichnung für einen krankheitsverursachenden (pathogenen) Mikroorganismus.

Kolloide: Sehr feine Partikel, mit einer Größe von 10 nm-10 µm. Dazu zählen Lehm, Algen, Protozoen, Bakterien und Viren, welche sich durch Sedimentation praktisch nicht entfernen lassen.

Log Reduktion: Log 5 z.B. bedeutet eine Reduktion von 99.999 %, daher von 100 000 Keimen ist nach der Desinfektion ein Keim vorzufinden.

Microsporiden: Protozoenarten welche in Tropen vorkommen und Diarrhöe verursachen.

Osmotischer Druck: Der osmotische Druck ist derjenige Druck, der durch im Wasser gelösten Moleküle wie z.B. Zucker oder Salze auf der höherkonzentrierten Seite einer semipermeablen Membran verursacht wird und den Lauf von Wasser durch die Membran antreibt.

Osmolalität: Die Osmolalität gibt die Anzahl der osmotisch aktiven Teilchen pro Liter Lösung an, gemessen in mmol/l. Die Art der Teilchen spielt für den osmotischen Druck keine Rolle, nur die Zahl der Teilchen (gelöste Salze, Zucker, Proteine).

Streptokokken: Viele Streptokokkenarten gehören zu der normalen Bakterienflora von Menschen und Säugetieren und siedeln in Darm, Mund- und Rachenraum sowie in der Scheide. Manche Arten sind Krankheitserreger.

Trübung: Die Trübung einer Flüssigkeit ist ein subjektiver optischer Eindruck. Die Trübung wird durch kleine Partikel in Wasser verursacht, die einen vom Wasser abweichenden Brechungsindex besitzen oder eine Absorption verursachen. Der Durchsichtstest mit einer Flasche und der Lesbarkeit von Buchstaben ist jedoch nicht genau und auch vom subjektiven Empfinden des Beobachters abhängig. Für die Trübungsbeurteilung unterwegs ist dies ausreichend. Klares Wasser kann mit NTU < 5, leicht trübes Wasser NTU < 30, trübes Wasser NTU > 50 eingeschätzt werden. Eine optisch elektronische Messmethode für die Trübung ist die Schwächung der durchgehenden Lichtstrahlung durch eine Messzelle mit einer Wasserprobe und der Vergleich mit Formazin als Referenz.

Sterilisation: Mit Sterilisation bezeichnet man Verfahren zur bestmöglichen Entfernung von Keimen, einschließlich ihrer Ruhestadien (z.B. Sporen).

Urinfarbskala als Indikator des Hydrationsstatus: Dieser Zusammenhang wurde zuerst von L. Armstrong untersucht und als Artikel publiziert: Urinary indices during dehydration, exercise and rehydration, Armstrong et al, Int. J. Sport Nutr. **8**, 345-55, 1998. Solche Urinfarbskalen sind im Internet verfügbar.

Wasser-assoziierte Keime: Vom Wasser übertragene Keime.

WBGT: Die Wet Bulb Global Temperatur repräsentiert eine akkurate Beurteilung der Hitzebelastung und berücksichtigt neben der Auswirkung der Temperatur auch die Luftfeuchtigkeit und direkter oder indirekter strahlender Wärme.

WHO: World Health Organisation. Die Weltgesundheitsorganisation ist innerhalb der Vereinten Nationen für die öffentliche Gesundheit zuständig.

12 Weiterführende Literatur und Internetadressen

1) Die Parasiten des Menschen, Springer Spektrum, Heinz Mehlhorn, 7. Auflage, 2012
2) Progress on Drinking Water, Sanitation and Hygiene Update and SDG Baselines, 2017, WHO
3) Antimicrobial resistance: Global report on surveillance. WHO 2014
4) Critically important antimicrobials for human medicine – 4th rev. WHO 2016
5) Guidelines for drinking-water quality, 4th ed. 2011, WHO
6) Physiology of Man in the Desert, Adolph et al., Hafner Publishing Company 1969
7) Accuracy of Urine Color to Detect Equal to or Greater Than 2 % Body Mass Loss in Men, Journal of Athletic Training, Armstrong et al, **50**, 1306–1309, 2015
8) Am I Drinking Enough? Yes, No, and Maybe, Samuel N. Cheuvront et al., Journal of the American College of Nutrition, **35**, 185-192, 2016
9) Dietary Reference Intakes for Water, Potassium, Sodium, Chloride, and Sulfate, The National Academies Press, 2004
10) Effectiveness of Moringa oleifera seed as coagulant for water purification, Amagloh et al., African Journal of Agricultural Research **4**, 119-123, 2009
11) SODIS Manual 2016, Eawag, Dübendorf, Schweiz
12) Solar water disinfection (SODIS): A review from bench-top to rooftop, McGuigan et al., Journal of Hazardous Materials, **235-236**, 29-46, 2012
13) Risk Factors for Coliform Bacteria in Backcountry Lakes and Streams in the Sierra Nevada Mountains: A 5-Year Study, Derlet et al., Wilderness and Environmental Medicine, **19**, 82-90, 2008
14) An Assessment of Coliform Bacteria in Water Sources Near Appalachian Trail Shelters Within the Great Smoky Mountain National Park, Reed et al., Wilderness and Environmental Medicine, 27, 107-110, 2016
15) Occurrence of rotaviruses and enteroviruses in recreational waters of Oak Creek, Arizona, Rose et al., Water Res. **21**, 1375-1381, 1987

16) Risk Assessment and Control of waterborne Giardiasis, Rose et al., Am J Public Health, **81**, 709-713, 1991
17) Societal use of fresh submarine groundwater discharge: An overlooked water resource, Moosdorf et al., Earth-Science Reviews **171**, 338-348, 2017
18) Traveller's diarrhea, Al-Abri et al., Lancet Infect Dis, **5**, 349-60, 2005
19) Influence of Hygiene on Gastrointestinal Illness among Wilderness Backpackers, Boulware, J. Travel Med **11**, 27-33, 2004
20) Medical risks of wilderness hiking, Boulware et al., The American Journal of Medicine, **114**, 288-293, 2003
21) Parasitic causes of prolonged diarrhea in travelers, Slack, Australian Family Physician **41**, 782-786, 2012
22) Internetadressen der Hersteller von Wasserfilter, chemischer Desinfektion, UV-Desinfektion und SODIS-UV-Messgerät:
Katadyn: www.Katadyn.com, Wisconsin Pharmacalway Company: www.potableaqua.com, MSR: www.MSR.com, Puralytics: www.Puralytics.com, Steripen: www.Steripen.com, DrinkPure: www.drinkpure-waterfilter.com, PuroSmart: www.Purosmart.com, Helioz: www.Helioz.org